LAS REGLAS
DE DIOS PARA LA
SANTIDAD

LAS REGLAS
DE DIOS PARA LA
SANTIDAD

PETER MASTERS

WAKEMAN TRUST
LONDRES

LAS REGLAS DE DIOS PARA LA SANTIDAD
Título original: God's Rules For Holiness
© Peter Masters 2003
Primera edición en español: 2017

WAKEMAN TRUST
(La Wakeman Trust es una institución benéfica del Reino Unido)

Página de Internet: www.WakemanTrust.org

Oficina en el Reino Unido
38 Walcot Square
Londres SE11 4TZ

Oficina en los Estados Unidos de América
300 Artino Drive
Oberlin, OH 44074-1263

ISBN 978 1 908919 79 3

Traducción: Bibiana Ortega y Rene Ramírez
Revisión: P. Bautista, R. Cabrera, D. Dorta, J. Nieto y M. Hunt
Diseño de portada: Andrew Owen

Las citas bíblicas están tomadas de la versión Reina-Valera 1960
© Sociedades Bíblicas Unidas, excepto cuando se indica otra versión.

Todos los derechos reservados. Ninguna parte de esta publicación puede ser reproducida o transmitida en ninguna forma o por ningún medio, electrónico o mecánico, incluyendo fotocopiado, grabación o cualquier otro tipo de sistema de almacenamiento de información o recuperación de datos, sin el permiso escrito de los publicadores.

ÍNDICE

Prólogo: Cinco claves cruciales		9
1	Anteponer a Dios	21
2	Empequeñecer a Dios	33
3	Mantenerse cerca de Dios	41
4	El día especial del creyente	53
5	El plan de Dios para su Iglesia	65
6	¡Asesinos! ¡Todos!	75
7	Una valla que nos protege del desastre	91
8	Las muchas caras del hurto	107
9	Una familia de mentiras	121
10	El enemigo del corazón	135
Epílogo: El "secreto" para ser bendecidos		149
Apéndice: La autoridad permanente de los Mandamientos		153

Y HABLÓ DIOS TODAS ESTAS PALABRAS, DICIENDO: YO SOY JEHOVÁ TU DIOS, QUE TE SAQUÉ DE LA TIERRA DE EGIPTO, DE CASA DE SERVIDUMBRE.

1   NO TENDRÁS DIOSES AJENOS DELANTE DE MÍ.

2   NO TE HARÁS IMAGEN, NI NINGUNA SEMEJANZA DE LO QUE ESTÉ ARRIBA EN EL CIELO, NI ABAJO EN LA TIERRA, NI EN LAS AGUAS DEBAJO DE LA TIERRA, NO TE INCLINARÁS A ELLAS, NI LAS HONRARÁS; PORQUE YO SOY JEHOVÁ TU DIOS FUERTE, CELOSO, QUE VISITO LA MALDAD DE LOS PADRES . . .

3   NO TOMARÁS EL NOMBRE DE JEHOVÁ TU DIOS EN VANO; PORQUE NO DARÁ POR INOCENTE JEHOVÁ AL QUE TOMARE SU NOMBRE EN VANO.

4   ACUÉRDATE DEL DÍA DE REPOSO PARA SANTIFICARLO. SEIS DÍAS TRABAJARÁS, Y HARÁS TODA TU OBRA: MAS EL SÉPTIMO DÍA ES REPOSO PARA JEHOVÁ TU DIOS; NO HAGAS EN ÉL OBRA ALGUNA, [...] PORQUE EN SEIS DÍAS HIZO JEHOVÁ LOS CIELOS Y LA TIERRA, EL MAR, Y TODAS LAS COSAS QUE EN ELLOS HAY, Y REPOSÓ EN EL SÉPTIMO DÍA; POR TANTO, JEHOVÁ BENDIJO EL DÍA DE REPOSO Y LO SANTIFICÓ.

5   HONRA A TU PADRE Y A TU MADRE, PARA QUE TUS DÍAS SE ALARGUEN EN LA TIERRA QUE JEHOVÁ TU DIOS TE DA.

6   NO MATARÁS.

7   NO COMETERÁS ADULTERIO.

8   NO HURTARÁS.

9   NO HABLARÁS CONTRA TU PRÓJIMO FALSO TESTIMONIO.

10 NO CODICIARÁS LA CASA DE TU PRÓJIMO, NO CODICIARÁS LA MUJER DE TU PRÓJIMO, NI SU SIERVO, NI SU CRIADA, NI SU BUEY, NI SU ASNO, NI COSA ALGUNA DE TU PRÓJIMO.

ÉXODO 20:1-17, RV1960

PRÓLOGO

Escritos "con el dedo de Dios". (*Éxodo 31:18*)

Cinco claves cruciales

"De manera que la ley a la verdad es santa,
y el mandamiento santo, justo y bueno".
(*Romanos 7:12*)

EN UNA MANSIÓN espléndida pero ruinosa que se utiliza como centro de conferencias, un pequeño grupo de personas estaban hablando en un salón y, de alguna forma, la conversación se enfocó en los Diez Mandamientos. Un estudiante, hablando cautelosamente como para no querer ofender, dijo que no veía los Diez Mandamientos muy desafiantes o útiles para la santificación personal, porque trataban principalmente respecto a pecados extremos como la idolatría, el adulterio, el robar y el matar. Reconoció que mencionaban el día de reposo y mentir, pero todavía estaba perplejo por la falta de reglas sobre el orgullo, el egoísmo o el mal carácter, sin mencionar muchos otros pecados contra los que luchaba.

Un hombre más mayor en la habitación dijo que probablemente los mandamientos no eran lo suficientemente específicos, y que podía entender cómo el joven rico pudo imaginar que los había guardado todos. Una joven sentía que eran demasiado negativos, y que lo que ella quería era consejos positivos acerca de cómo debería vivir, como los de las Bienaventuranzas del Sermón del monte, o el fruto del Espíritu de Pablo: amor, gozo, paz, paciencia, etc. Desde luego, según ellos, estos eran más relevantes para los cristianos.

Todas estas personas eran cristianos sinceros que nunca habrían querido menospreciar alguna parte de la Biblia. Entonces, un pastor en el grupo se embarcó en una defensa de los Mandamientos, señalando que eran la fuente y un resumen de cualquier otro pasaje en la Biblia acerca de un vivir santo, y que cubrían cualquier pecado concebible, incluyendo el orgullo y la ira. Explicó a grandes rasgos el papel de los mandamientos, su alcance y sus características positivas, mostrando cuán perfectamente servían a los cristianos de hoy en día en su búsqueda por santificación y carácter.

El escritor de este libro no era ese pastor, pero en las páginas siguientes está, de una forma más extensa, el tipo de respuesta que bien podría haber dado. Se establecerán brevemente cinco hechos acerca de los Mandamientos que es vital que sepamos si es que queremos ver el alcance completo y profundidad de los mismos. En resumen, las cinco claves para entender los Mandamientos son estas:

En primer lugar, *reflejan el carácter de Dios.* ¡Qué motivo tan grande es este para respetarlos y estudiarlos!

En segundo lugar, *mantienen toda su autoridad hoy en día.* Es importantísimo saber que están muy por encima de las leyes civiles y ceremoniales dadas temporalmente a los hijos de Israel.

En tercer lugar, *fueron diseñados para los creyentes.* Desde luego que tienen que ser cumplidos por toda la humanidad, pero cuando reconocemos todo lo que implican, son especialmente relevantes para los cristianos, ya que incluso proveen reglas para la adoración y para la estructura de la iglesia.

En cuarto lugar, —y esta clave tiene un efecto drástico en cómo aplicamos los Mandamientos— *cada uno cubre una familia de pecados*.

En quinto lugar, estos Mandamientos, aunque principalmente están expresados de forma negativa, también *son mandatos para que llevemos a cabo las virtudes positivas opuestas*. Las últimas dos claves revolucionan especialmente nuestro uso de este poderoso código para santidad.

Una vez que nuestras mentes están preparadas para ver todo lo que enseñan, no hay nada como estos Mandamientos para fomentar el avance en la santificación. En el Nuevo Testamento leemos que guardarlos es un acto de amor a Cristo (*Juan 14:15*) y también la base para la certeza de salvación (*1 Juan 3:18-19*). Es cierto que guardarlos no puede salvar ni una sola alma, pero para los creyentes, salvos por gracia a través de la fe solo en Cristo, son invaluables. Este libro seguirá las cinco claves bíblicas como su método para descubrir las riquezas de la "ley real".

1. Los Mandamientos reflejan el carácter de Dios

En primer lugar, es esencial que nos demos cuenta de que los Diez Mandamientos fluyen directamente del carácter eterno del Dios santo, y lo reflejan. No los debemos considerar como una versión inicial e inferior de la ley de Dios; un código primitivo designado solo para la época del Antiguo Testamento. Han sido erróneamente llamados "regulaciones temporales" elaboradas para mantener la raza humana en orden mientras viva en un mundo caído, pero son mucho más que esto. Dado que reflejan el carácter perfecto de Dios, son el estándar por el que el mundo será juzgado, y también la regla permanente de vida para los redimidos.

Incluso el gran teólogo americano del siglo XIX Charles Hodge pierde de vista este hecho vital cuando dice que los mandamientos acerca de matar, el matrimonio y la propiedad dejarán de tener relevancia cuando esta vida se acabe y, por tanto, "no están fundamentados en la naturaleza esencial de Dios". Esta postura no concuerda con la corriente principal tradicional de los comentaristas de la Biblia y limita gravemente la aplicación personal de estos mandamientos. Una vez que entendemos que todos los Mandamientos reflejan el mismísimo carácter santo de Dios, entonces vemos que nuestra naturaleza más íntima debe ser moldeada por los mismos.

Vemos, por ejemplo, que el sexto mandamiento condena el asesinato porque el carácter inmutable de Dios es el preservar a su pueblo y tratarlo con mucha misericordia. El Señor guardará el sexto mandamiento para siempre en la gloria eterna, donde ninguno de los suyos perecerá jamás. El carácter de Dios no es destruir ni dañar a nadie, aparte del justo castigo por el pecado. Moisés (como veremos) relaciona el pecado de matar con el de quitarle la libertad a una persona, y con el de destruir la dignidad de los padres que están envejeciendo. Siempre que la gente es despreciada o abatida emocionalmente, se comete algo similar al asesinato. La razón principal por la cual esto es malo es porque es contrario al carácter de Dios, quien es amor. Tenemos que ser más como es Él en bondad: una aplicación que es obvia cuando discernimos que cada mandamiento está basado en el carácter de nuestro glorioso Dios.

De forma similar, el séptimo mandamiento refleja la *fidelidad* de Dios. La prohibición del adulterio no es meramente una forma de controlar el comportamiento sexual humano en el mundo malvado de hoy en día. Es un mandamiento que Dios y su pueblo redimido cumplirán perfectamente (en su mayor grado) durante toda la eternidad, pues serán completamente leales entre sí. Una vez que vemos que este mandamiento fluye del carácter de Dios, vemos que su alcance se extiende más allá del matrimonio, y no nos sorprende que Isaías, Jeremías, Pablo y Jacobo[*] (entre algunos de los escritores

---

[*] El escritor del libro que hoy en día se llama Santiago en muchas versiones bíblicas hispanas. (N. T.)

inspirados) utilicen este mandamiento para enseñar acerca del deber de lealtad espiritual.

El octavo mandamiento —"No hurtarás"— también refleja el maravilloso carácter del Señor, quien es el gran dador y no el saqueador de los hombres. Sus bendiciones son innumerables, libres y gratuitas, y su pueblo tiene que parecerse a Él siendo aquellos que dan a otros, y no aquellos que absorben, o se alimentan, o agotan los recursos (y la fortaleza emocional) de otros. El octavo mandamiento va mucho más allá del acto físico de robar. (Es trágico que muchos cristianos, que nunca han robado nada material, son "pasajeros" y cargas en sus iglesias y, por tanto, ladrones, pues no contribuyen en nada mediante su esfuerzo o testimonio espiritual). El octavo mandamiento se basa en el carácter infinitamente benevolente de Dios.

Estos ejemplos nos dan solo un vistazo de toda la aplicación pastoral que salta a la vista en cuanto vemos los Mandamientos como una expresión del carácter y de los gustos de nuestro Dios Todopoderoso. Pero ¿cómo podemos estar tan seguros de que reflejan el carácter de Dios? La respuesta es que Dios es quien lo ha dicho, pues cuando mandó a Moisés a que proclamara la ley moral al pueblo comenzó con estas palabras: "Santos seréis, porque santo soy yo Jehová vuestro Dios" (*Levítico 19:2*).

Varias declaraciones similares aparecen en los libros de Moisés, y todas indican que la ley moral fue dada como una extensión del carácter de Dios, o como una descripción de su santidad. El apóstol Pablo también enseña que los Mandamientos son algo más que reglas que Dios impone para el control de la sociedad, enfatizando repetidamente que son de carácter *espiritual*. En *Romanos 7:12 y 14* dice: "De manera que la ley a la verdad es santa, y el mandamiento santo, justo y bueno [...] la ley es espiritual". Por tanto, debemos tener claro que el código moral de los Diez Mandamientos revela la naturaleza maravillosa y los atributos divinos de Dios.

2. Los Mandamientos mantienen hoy en día toda su autoridad

La segunda clave para descubrir las riquezas de los Mandamientos es saber que son las reglas perpetuas de Dios para la adoración y el vivir santo. Este punto procede naturalmente del primero. Después de todo, si los Mandamientos reflejan el carácter de Dios que no cambia, se concluye que prevalecerán sobre cualquier cambio de la era del Antiguo al Nuevo Testamento. A menudo la gente pregunta por qué los Diez Mandamientos deberían separarse de las leyes civiles y ceremoniales que Dios dio a Moisés, y considerarse como la expresión suprema de la ley moral de Dios. ¿Por qué deberían eliminarse esas otras leyes, mientras que los Diez Mandamientos mantienen su autoridad?

Se puede responder fácilmente a partir del Nuevo Testamento, donde encontramos todos los Diez Mandamientos confirmados en la enseñanza de Cristo y sus apóstoles. Algunas personas dicen que el cuarto mandamiento, acerca del día de reposo o el día del Señor, es la excepción, pero están en un error, como mostraremos al estudiar ese mandamiento.

El estatus especial de los Diez Mandamientos es declarado especialmente por Moisés, quien señala la forma en la que fueron dados cuando dice: "Estas palabras habló Jehová a toda vuestra congregación en el monte, de en medio del fuego, de la nube y de la oscuridad, a gran voz; y no añadió más. Y las escribió en dos tablas de piedra, las cuales me dio a mí" (*Deuteronomio 5:22*). *Éxodo 31:18* añade que los Mandamientos fueron escritos "con el dedo de Dios".

Dios eligió una forma única de transmitir esta porción en particular de su Palabra. Generalmente habló por medio de mensajeros humanos inspirados —profetas y apóstoles— pero entregó estos Mandamientos por medio de una gran voz del Cielo y los escribió en piedras con su propio "dedo". Esta forma directa de comunicación elevó los Diez Mandamientos por encima de las leyes ceremoniales y civiles que vinieron después. Fueron radicalmente señalados como algo diferente, y "elevados" a una posición desde la que siempre brillarían a lo largo de ambos testamentos.

Inmediatamente después de que se entregaran los Diez Mandamientos, el Señor reveló otra gran cantidad de requisitos a los israelitas de una forma menos espectacular, a través de Moisés; dando explicaciones más detalladas de los Mandamientos, añadió muchas leyes para situaciones específicas y también adjuntó las leyes ceremoniales religiosas. Estas leyes secundarias fueron diseñadas para los siguientes propósitos:

(1) Para educar la mente de las personas de forma que entendieran conceptos vitales tales como la santidad de Dios y la necesidad de mediación y sacrificio.

(2) Para proveer un sistema temporal de adoración hasta que Cristo viniese.

(3) Para ser ayudas visuales que señalasen la obra del Mesías.

Todas esas leyes secundarias, tanto civiles como ceremoniales, fueron diseñadas para estar en vigor solo hasta que Cristo viniese, aunque los principios sobre los que se asientan tienen muchas enseñanzas y aplicaciones para hoy en día. Sin embargo, los Diez Mandamientos están por encima de todas ellas ya que son la ley moral de Dios (que es permanente), y debemos descartar cualquier enseñanza que las coloque al mismo nivel que las leyes que fueron abolidas con la venida de Cristo.

3. Los Mandamientos fueron diseñados para los creyentes

La tercera clave para poder ver las riquezas de los Diez Mandamientos es darse cuenta de que fueron dados para servir un doble propósito. Obviamente tenían la intención de ser vinculantes a toda la humanidad, pero al mismo tiempo fueron diseñados para ser especialmente útiles a aquellos que verdaderamente conocen y aman al Señor. Para la humanidad en general los Diez Mandamientos son los estándares de justicia para ser aceptados por Dios, los cuales bloquean el acceso al Cielo a las personas culpables y sin perdonar. Los pecadores solo pueden ser lavados y redimidos porque Cristo ha cumplido los requerimientos de la ley en su lugar, y ha pagado el castigo eterno del pecado por su pueblo.

Antes de la conversión, los Mandamientos están sobre nosotros para condenarnos y darnos convicción de pecado, pero una vez que hemos sido traídos a Cristo, los mismos Mandamientos ahora tienen una sonrisa amigable y se vuelven una gran ayuda y guía para nosotros. Por una parte, son completamente vinculantes para la raza humana como la base del juicio y, por otro lado, son el manual de conducta, adoración y bendición para todos aquellos que son salvos. Aprendemos esto de Moisés, quien enfatiza cuán especialmente idóneos son para los creyentes con estas palabras: "Y amarás a Jehová tu Dios de todo tu corazón, y de toda tu alma, y con todas tus fuerzas. Y estas palabras que yo te mando hoy, estarán sobre tu corazón" (*Deuteronomio 6:5-6*). Moisés no hablaba aquí de una obediencia por temor, sino que introdujo la ley como algo diseñado para ser una bendición para aquellos que aman al Señor. Para ellos, los Mandamientos serían una directriz, y también serían valiosísimos, convincentes e inspiradores.

¿Encontramos tal inspiración en los Mandamientos? Así será si sostenemos esta clave, es decir, el darnos cuenta de que fueron elaborados en gran parte pensando en personas que han nacido de nuevo. Cuando introdujo los Mandamientos al pueblo, el Señor dijo: "Yo soy Jehová tu Dios, que te saqué de la tierra de Egipto, de casa de servidumbre". Estas palabras muestran una relevancia especial para las personas que han encontrado libertad y liberación de Dios; fueron escritas como un código de amabilidad, la "fórmula" para continuar en libertad. El propósito de Dios era evitar que sus amados hijos sufrieran daño, de modo que dijo (en realidad): "Os he sacado de servidumbre a libertad, y aquí están la reglas que os mantendrán en el camino de bendición".

La doble función de los Mandamientos es la de ser como un gran puente levadizo de hierro que obstruye el camino a un castillo rodeado por un gran foso al estar levantado. Una vez levantado, es imposible romper el puente levadizo, pero si se diera la señal de dejar pasar alguien al castillo, esa barrera infranqueable pasaría a ser un puente sobre el foso. Una vez bajado, la persona que está entrando al castillo, ve un camino de hierro con barandillas fuertes y seguras, y la barrera amenazadora es ahora de ayuda y apoyo. Esta ilustración se queda corta porque los Diez Mandamientos no son en ningún sentido un puente o mediador entre el hombre y Dios, sin embargo, la salvación hace que los Mandamientos pasen de enemigos a amigos. Por tanto, debemos aproximarnos a los Mandamientos con una gran expectativa de ayuda personal y pastoral y para obtener consejo. Debemos esperar oír palabras protectoras y amables de ellos. Uno de ellos, por ejemplo, cuando lo vemos bajo esta luz, es un mandamiento para proteger a las iglesias contra la inestabilidad de un liderazgo inexperto. ¿Cómo podemos los cristianos tener garantía de que recibiremos las maravillosas bendiciones de Dios, incluyendo una clara evidencia de su presencia? La respuesta es: por medio de estos Mandamientos. Aunque vinculan a todos los hombres, y aunque sin duda alguna incluyen prohibiciones severas, estos se encuentran entre las palabras más amables y productivas para la protección y la purificación de los creyentes.

4. Cada Mandamiento cubre una "familia" de pecados

La cuarta clave para entender el valor completo de los Mandamientos es indispensable, pues, cuando se ignora esta clave, cualquier exposición o entendimiento de los mismos se vuelve superficial en gran manera. Esta cuarta clave es creer que cada pecado nombrado en los Mandamientos representa una especie completa de pecados. Cada pecado nombrado es la ofensa principal de toda una familia de malas acciones. Moisés demuestra este principio en varios pasajes, y el Nuevo Testamento lo confirma repetidamente. Es bien sabido, por ejemplo, que el mandamiento en contra del adulterio también cubre la lujuria en el corazón, y el mandamiento contra el asesinato incluye el odio. Por tanto, cuando un mandamiento prohíbe un pecado grave, tienen que incluirse en el alcance de ese mandamiento todos los pecados "menores" de la misma familia.

Desde luego que los Mandamientos se tienen que tomar en sentido literal y debemos obedecerlos al nivel del pecado nombrado, pero limitar los Mandamientos a los pecados específicamente mencionados les roba todo excepto el significado superficial. Siempre debemos preguntar: ¿Qué otros pecados hay en la misma familia del pecado (u ofensa) principal y representativo nombrado? A menudo Moisés nos da la respuesta conforme explica más la ley, y haremos referencia a su "comentario" en los capítulos siguientes. Cuando, por ejemplo, se prohíben los ídolos y las imágenes, nos damos cuenta de que este es el principal pecado de una familia de pecados, y que toda forma de ídolo, aunque no sea literal, también está incluida. Si, por tanto, hay algo en nuestra adoración o en nuestras vidas que se vuelve una fuente carnal de placer o satisfacción, reemplazando así a Dios, entonces es un ídolo. De manera similar, el adulterio literal es el peor pecado en una familia de ofensas que incluye todo tipo de infidelidad y también el adulterio *espiritual,* y exploraremos (y probaremos) estas "familias" de pecados en capítulos posteriores.

5. Los Mandamientos incluyen las virtudes positivas opuestas

La clave final para entender y apreciar los Mandamientos es la convicción de que se tienen que manejar de una manera positiva, además de la manera negativa. Si bien son expresados en un tono negativo, Dios quiere que nos esforcemos por mostrar la virtud positiva de cada pecado. Los Mandamientos están expresados de una manera negativa porque su primera función es resaltar la pecaminosidad del hombre, pero los creyentes tienen que amar y luchar por manifestar las cualidades opuestas de cada cosa prohibida. Así es como el Nuevo Testamento nos enseña a que entendamos los Mandamientos, como es el caso, por ejemplo, en *Hebreos 13:5*, donde leemos: "Sean vuestras costumbres sin avaricia, contentos con lo que tenéis ahora; porque él dijo: No te desampararé, ni te dejaré". El contentamiento y la confianza en el Señor son las virtudes positivas que se derivan del décimo mandamiento.

Este era el método de interpretación que Dios quería que su pueblo adoptara desde el mismísimo principio, y Moisés fue inspirado para establecer el ejemplo cuando dijo: "Y amarás a Jehová tu Dios de todo tu corazón, y de toda tu alma, y con todas tus fuerzas" (*Deuteronomio 6:5*), palabras que fueron escogidas por el Señor Jesucristo como el resumen perfecto de la primera tabla de los Mandamientos. La intención siempre fue que los verdaderos creyentes vieran el lado positivo de cada prohibición, y una vez más Moisés nos insta a pensar acerca de las virtudes positivas diciendo: "Guardad cuidadosamente los mandamientos de Jehová vuestro Dios, y sus testimonios y sus estatutos que te ha mandado. Y haz lo recto y bueno ante los ojos de Jehová, para que te vaya bien, y entres y poseas la buena tierra que Jehová juró a tus padres" (*Deuteronomio 6:17-18*). Nada podría ser más positivo que esta exhortación paternal. Si no identificamos el buen comportamiento que está implícito en cada mandamiento no estamos entendiendo la idea en absoluto. A partir de cada mandamiento debemos construir una apreciación sólida del tipo de persona que Dios quiere que seamos, y percibir la buena acción opuesta a cada pecado.

* * * * *

Antes de que nos embarquemos en este estudio, debería dejarse claro que dependemos solo de Cristo para todas nuestras bendiciones a lo largo de nuestra vida. Los creyentes no ganan o aseguran una bendición continua obedeciendo la ley, pues todos los beneficios, durante toda la vida, proceden solo a través de los méritos y la obra de Cristo. Nuestro esfuerzo por avanzar en santidad no puede ganar nada, pues estamos muy por debajo de la justicia de Dios. Sin embargo, Dios demanda que por voluntad propia, gozosamente deseemos caminar conforme a la ley moral, para agradarle y honrarle. Puede ser que un niño pequeño reciba una recompensa por buen comportamiento, quizás una excursión o un regalo, pero los esfuerzos del niño no ganan el dinero para pagar la recompensa. De igual manera, Dios "recompensa" al justo, pero estas recompensas son compradas completamente por nuestro Señor y Salvador Jesucristo, y son recompensas de gracia. Sin embargo, la indiferencia a los Mandamientos de Dios hará que se pierda gran confort espiritual, certeza, instrumentalidad y respuesta a las oraciones, e incluso puede que traiga la mano de disciplina del Señor sobre nosotros (véase *Hebreos 12*).

Se dan versículos de la Escritura que confirman la autoridad permanente de los Mandamientos en un apéndice, página 153.

1

El primer mandamiento
"No tendrás dioses ajenos delante de mí".

Anteponer a Dios

> "... para que en
> todo tenga la preeminencia".
> *(Colosenses 1:18)*

EL PRIMER MANDAMIENTO anticipa toda la misericordia y las promesas del Evangelio, pues nos dice que podemos conocer a Dios y relacionarnos con Él. Nos asegura que es posible que nos acerquemos a Él, le adoremos, nos gloriemos en Él y cubramos todas nuestras necesidades de Él. Es un enunciado verdaderamente trascendental de Dios acerca de cuán disponible está para toda alma que confíe, pues este mandamiento en realidad dice: "Seré bueno y misericordioso contigo; seré accesible para ti; seré Padre, Amigo y Salvador para ti, y no necesitarás otros dioses aparte de mí. Puedes venir a mí, amarme, probar mi presencia y recibir mi perdón, vida y poder. Puedes participar en mis propósitos eternos y ser mi hijo, y Yo seré tu Dios para siempre".

Todo lo anterior es la conclusión lógica que se extrae del hecho de que no necesitamos otro dios aparte del Señor. Dado que podemos conocer al glorioso e infalible Señor de todo, no tenemos ninguna razón o excusa para acudir a otros dioses, ya sean de tipo religioso o secular. Con tal acceso a Él, Dios insiste en que *le* hagamos nuestro único objeto de adoración, le reconozcamos como la única fuente de vida y verdad y nos rindamos a su señorío y dominio.

Definición de dioses ajenos

¿Cuáles son los "dioses ajenos" a los que se refiere este mandamiento? Evidentemente no son solo ídolos paganos. Mathew Henry define el tener "dioses ajenos" con estas palabras:

> "Está prohibido amar, desear, deleitarse o esperar algo bueno de cualquier indulgencia pecaminosa. Igualmente, no se nos permite que alguna persona o cosa creada, independientemente de lo excelente o valiosa que sea, compita con Dios en nuestras afecciones. Todo ateísmo, infidelidad y falta de religión es contrario a Dios, un intento de ser independiente de Él. El hombre orgulloso es su propio ídolo porque se adora a sí mismo y espera que otros hagan lo mismo. El hombre codicioso hace de su riqueza un dios, al cual ama, del cual depende y del que espera obtener felicidad del mismo. Con sus prácticas, la persona sensual adora 'deidades' sucias como las que había en los templos paganos".

¿Quiere la Biblia que extendamos de esta forma el significado de "dioses ajenos"? ¿Es este el sentido literal original de este primer mandamiento? Desde luego que sí porque las deidades del mundo antiguo alentaban y representaban la búsqueda de gratificación en "cosas de criaturas" y en uno mismo. El primer mandamiento tenía el propósito de prohibir no solo dioses paganos, sino *todo lo que ellos representan*.

Antes de la conversión, a menudo, si no es que casi siempre, el ídolo del "yo" es nuestro dios supremo. El orgullo es soberano en todas sus formas, de manera que *nosotros* ocupamos el primer lugar en nuestras vidas. Adoramos y servimos al "número uno", y nuestros objetivos egoístas eliminan cualquier interés en el Dios verdadero. Después de la conversión, el orgullo y el amor propio se convierten en nuestro peor enemigo pues los vemos como "ídolos" que compiten con el Señor, quien nos ha salvado.

La idolatría es la adoración (o dependencia) de cualquier cosa *en el lugar de Dios*, incluyéndonos nosotros mismos, y abarca todos los ídolos, ya sean ídolos intelectuales, ídolos emocionales, ídolos materiales o ídolos sensuales. El Nuevo Testamento nos muestra que debemos interpretar el primer mandamiento de esta forma. En *Colosenses 3:5*, por ejemplo, Pablo hace una lista de pecados como la inmoralidad, los pensamientos impuros, la lujuria, los malos deseos y la avaricia, e inmediatamente dice que tal conducta es: *idolatría*. No está involucrado ningún dios pagano literalmente, pero buscar toda nuestra gratificación en las cosas terrenales es una forma de adoración de ídolos.

Pablo dice lo mismo en *Efesios 5:5*: "Porque sabéis esto, que ningún fornicario, o inmundo, o avaro, que es idólatra, tiene herencia en el reino de Cristo y de Dios". Pablo también muestra que la gula puede ser una violación del primer mandamiento, pues en *Filipenses 3:19* habla de ciertos falsos maestros "cuyo dios es el vientre, [...] que sólo piensan en lo terrenal". En el lenguaje de la Biblia, todos los apetitos no controlados se vuelven dioses.

No tendrás dioses ajenos en absoluto

Para descubrir el sentido completo del mandamiento es necesario explicar las dos últimas palabras: "No tendrás dioses ajenos *delante de mí*". Puede que malinterpretemos estas palabras pensando que dicen: "No tendrás dioses ajenos frente a mí, más allá de mí o por encima de mí". Esta forma de leerlo nos permitiría tener muchos ídolos en nuestra vida, siempre y cuando no desafiaran el lugar supremo que le damos a Dios, y esta es exactamente el tipo de transigencia en la que Satanás quiere hacernos caer. Sin embargo, las palabras "delante de mí" no significan literalmente "más allá de mí" sino "a mi vista" (y así es exactamente como William Tyndale lo tradujo en su Antiguo Testamento de 1530). Es una forma contundente de decir: "¡No tendrás dioses ajenos en absoluto!".

Es obvio que no deberíamos apoyar ningún dios que sea en contra del Señor. Pero ¿y qué hay acerca de un dios que afirma estar en el mismo lado de Él? Algunos cristianos, por ejemplo, intentan justificar la moda mundana que usan, su música mundana y sus afanes de riqueza diciendo que todas estas cosas serán dedicadas a la obra del Señor. Su ropa cara y a la moda ayudará a que los mundanos se sientan cómodos en su presencia. Su música rock servirá para atraer multitudes a la iglesia. Sus casas lujosas repletas de fabulosas comodidades materiales serán usadas para "células" evangelísticas. Los dioses de la autoindulgencia extrema pueden ser adaptados (según ellos), dominados y saneados para usarlos "del lado del Señor". Algunos que profesan ser cristianos bíblicos parecen pensar que incluso la religión falsa puede ser santificada, por lo que se unen en incursiones ecuménicas con católicos y liberales que niegan la Biblia. Sin embargo, el primer mandamiento condena todos los dioses ajenos, religiosos o materiales, sin importar si son antagonistas al Dios verdadero o si son adaptados para ser usados de su lado.

El mayor problema recurrente de los israelitas en la época del Antiguo Testamento fue que adoraban al Señor y a otros dioses *al mismo tiempo*. El comentario de Dios sobre la gente se encuentra en *2 Reyes 17:41*: "Así temieron a Jehová aquellas gentes, y al mismo tiempo sirvieron a sus ídolos". Dios dice en el primer mandamiento: "No pondrás tu amor y confianza en ninguna cosa que me reemplace, o que me ayude, como si Yo no tuviera poder".

Dioses inesperados

Este primer mandamiento, que es profundamente desafiante, escudriña nuestros motivos y en lo que queda del capítulo debemos dejar que nos hable. Cuando éramos incrédulos, solíamos llenar nuestras vidas con todo tipo de cosas que servían como *sustitutos* de Dios. No queríamos buscar al Señor ni encontrarlo, de modo que teníamos que llenar el vacío en nosotros con varios placeres, entretenimiento, intereses de negocios, ambiciones y afán por tener posesiones. Es cierto que algunos placeres y posesiones, si se mantienen en la proporción correcta, son cosas limpias, dignas y legítimas, pero ¿aún son nuestros dioses algunas de estas cosas? Nuestra primera definición de "dioses ajenos" debe ser algo así:

> Cualquier cosa que elija hacer que sea una verdadera desviación, distracción o alternativa a mi adoración al Señor es en realidad un "dios ajeno". De igual forma, cualquier cosa que estropee o afecte mi servicio al Señor es un "dios ajeno".

Las alternativas a Dios aparecen de muchas formas, siendo una muy común el soñar despierto, lo cual trae felicidad y satisfacción al enfocarnos en deseos materialistas o egoístas. La imaginación errante puede convertirse en el hogar de muchos ídolos mentales, por lo que necesitamos retarnos a nosotros mismos de tanto en tanto y preguntarnos: ¿Sobre qué he estado soñando esta semana que termina? No debemos permitir que nuestras mentes se vuelvan morada de una procesión interminable de dioses pasajeros.

Algunos creyentes sufren de adicción a la ansiedad y a la preocupación constante sobre preparativos triviales y domésticos, de forma que sus mentes no están disponibles para el Dios vivo y las cosas importantes de la vida. Nos demos cuenta o no, si dejamos que los planes y los problemas se vuelvan una distracción seria, estos asumen el estatus de "dioses ajenos" porque roban a Dios nuestra energía emocional para reflexionar, orar y servirle y, por tanto, ocupan su lugar. A veces, cuando se acerca el momento de orar, casi cualquier otra cosa puede, de repente, parecer mucho más interesante o más importante o más necesaria que orar. Cualquier cosa que robe el lugar de Dios en esa cita valiosísima y privilegiada con Él, prácticamente se convierte en un dios.

Aquí tenemos otra forma de definir "dioses ajenos": cualquier persona o cosa a la que demos una admiración y afecto indebido o supremo es *un dios ajeno*. En este mundo podemos admirar muchas cosas y a muchas personas, teniéndoles afecto y estima, pero cuando una persona o cosa comienza a ocupar un *lugar predominante* en nuestro afecto probablemente se está convirtiendo en un dios. Se necesita un cuidado especial para identificar tal ídolo porque Dios nos ha dado una gran capacidad para amar, apreciar y disfrutar las cosas. Es completamente legítimo que nos fascinen todo tipo de cosas de nuestro alrededor; incluso tenemos una comisión procedente de la Palabra de explorar, sojuzgar, entender y disfrutar el universo en el que Dios nos ha puesto. Sin embargo, es nuestra responsabilidad asegurarnos de que nuestro interés en estas cosas nunca ponga en juego nuestra obediencia y compromiso hacia el Señor.

Antídotos para dioses ajenos

En el décimo mandamiento se dan consejos detallados sobre este punto, pero aquí presentamos dos remedios o antídotos para refrenar el surgimiento de "dioses ajenos" en nuestra vida. El primero nos ayuda a contrarrestar cualquier sentimiento o emoción excesivamente fuerte en relación con cosas terrenales o materiales. En lugar de permitir que nuestra capacidad de apreciación y de disfrutar las cosas se enfoquen por completo en nuestras posesiones, carreras, negocios, hijos, hogares, ropa, pasatiempos, etc., deberíamos controlar esas facultades siempre que el objeto sea *algo para mí*. Si es *mi* posesión, *mi* carrera, *mi* apariencia (para la cual estoy comprando algo o en lo cual estoy pensando), debemos intentar interesarnos en el asunto de forma sensata y mesurada. Debo proponerme no emocionarme acerca de estas cosas, sino ser más indiferente respecto de las mismas, y debo establecerme unos estándares relativamente básicos y razonables. Al adoptar esta política, restringiremos la tendencia a adorar cosas mundanas en el área donde somos más débiles: el momento en el que sirven a nuestro orgullo y egoísmo. Así que decimos: "Si lo que tengo en mente es algo para mí, no me dejaré llevar soñando despierto acerca de eso. Me propongo tener una actitud simple y sencilla en mis necesidades personales. No me pasaré días planeando la decoración o planeando cosas diversas. Si es algo *personal*, me mantendré con un control estricto".

Esto no significa que nos vistamos de cilicio y vivamos en casas deterioradas, sino que consideremos que los planes, intereses y posesiones *personales* son un área potencialmente peligrosa. Cualquier cosa que esté en esta categoría debe ser considerada con cierto grado de frialdad y tomaremos medidas para restringir cualquier tendencia a admirar demasiado o deleitarnos en este tipo de cosas. En vez de ello, nuestra capacidad de apreciación y deleite debe ser invertida en la obra de Dios, y así nos interesaremos mucho más en sus necesidades y logros. Dediquemos lo mejor de nuestras habilidades en soñar respecto a la obra del reino del Señor y en planearla. Y, desde luego, cuando el asunto en cuestión esté relacionado con la obra del Señor o con las circunstancias de *otras* personas, dejemos que nuestra apreciación y deleite "fluyan" más libremente. La Palabra manda que nos amemos los unos a los otros: "No mirando cada uno por lo suyo propio, sino cada cual también por lo de los otros" (véase *Filipenses 2:3-7*). Así que cuando mi capacidad de planear o mi interés sean atraídos por algún plan u objeto, es bueno que me pregunte: "¿Es para mí? ¿Es mío?". Si es así, dejemos que suene la alarma porque estamos a punto de fomentar otro dios en el alma; pero si el plan u objeto es para otra persona, o para nuestro jefe o, mejor aún, para el Señor, estoy más a salvo.

Otro método que debería usarse para disolver cualquier fuerte sentimiento de apego a alguna cosa terrenal es ejercitar más la facultad de la apreciación en el área de las *cosas naturales*. Vivimos en una era poco natural, pues la vida está atestada de tecnología humana y cosas manufacturadas. En la ciudad casi nunca vemos las estrellas, las colinas, los cielos y los paisajes que ayudaron a los salmistas a que se quedaran embelesados por un concepto honorable de Dios. Cuando tenemos la oportunidad de salir y mirar paisajes hermosos —por los cuales podemos acreditar directamente al Señor— entonces, una vez más, nuestras capacidades de apreciación y deleite están más a salvo. Por tanto, en resumen, las áreas que tienen que ver con las cosas naturales, nuestro servicio a otros y principalmente con nuestro servicio por el evangelio, son los mejores lugares para poner en funcionamiento nuestra capacidad de imaginación, pues en estas áreas será mucho menos probable que hagamos de estas cosas "dioses ajenos". El mayor peligro se encuentra siempre cuando algo es "para mí". Tenemos una responsabilidad solemne de tener autocontrol y equilibrio, y si no lo hacemos, nos encontraremos sirviendo a otros dioses. Se nos manda: "Poned la mira en las cosas de arriba, no en las de la tierra".

Discernir los dioses en nuestras vidas

1. ¿Podemos prescindir de ello?

Surge la pregunta: ¿Cómo sé si quiero o dependo de algo tanto que se ha convertido en un dios ajeno? ¿Cómo puedo saber que me he apegado a algo o a alguien demasiado? La respuesta viene, en primer lugar, cuando nos preguntamos: "¿Estaría dispuesto a prescindir de esa cosa o de esa persona, por muy cercana que sea, si el Señor requiriera eso de mí?". Considere la situación que a menudo enfrentan los cristianos que son perseguidos. Saben que si continúan con la adoración, predicación y el evangelismo a los jóvenes, puede que los encarcelen y estén separados de su familia durante años. Para los matrimonios y las familias esta posibilidad parece intolerable, pues Dios los ha llamado a amarse y a mantener una unión de lo más cercana posible. Sin embargo, creen también que el Señor es lo primero. Si llega el día en el que no estamos dispuestos a sufrir alguna pérdida —ni siquiera durante un tiempo—, entonces incluso el amor santo del matrimonio cristiano se habrá convertido en un "dios ajeno". El matrimonio es un regalo de Dios, la mismísima expresión de su propio amor, y aun así se puede contaminar si se antepone al Señor y a nuestra fidelidad hacia Él. Tan valiosísima como son estas relaciones, nos han sido dadas para que las dediquemos al servicio del Señor. Dios nos da bendiciones maravillosas por medio de las amistades y del matrimonio, pero Él siempre debe ser lo primero. En lugares donde hay libertad no se nos llama a perder los beneficios de estar juntos para poder servir al Señor, sin embargo, algunas parejas cristianas protestan incluso por una prueba trivial de estar separados por una noche de servicio cristiano, como el de visitar la comunidad. La pregunta es: ¿El Señor y su servicio son siempre lo primero?

2. ¿Ha comenzado a dominarnos?

Otro indicio de que algo se ha vuelto un dios ajeno es cuando alguna actividad, posesión o relación nos ha empezado a dominar. "Todas las cosas me son lícitas, mas no todas convienen; todas las cosas me son lícitas, mas yo no me dejaré dominar de ninguna" (*1 Corintios 6:12*). Algunas personas están dominadas por sus familiares o amigos. Obviamente debemos mantener un buen testimonio ante nuestros amigos y familiares que no son convertidos, pero es lamentable ver que los cristianos se dejen manipular, dominar e intimidar por padres o familiares impíos. A veces jóvenes creyentes aceptan una ayuda financiera substancial o de otro tipo de parte de familiares incrédulos y entonces se encuentran sujetos por una deuda moral, por lo que están a su entera disposición durante años. Para tales creyentes, su familia se ha convertido en un dios al que se acude buscando ayuda, y entonces ese dios debe ser obedecido.

Desgraciadamente, algunos creyentes hacen de sus carreras y estudios un dios, y así pierden de vista el hecho de que todo se debe hacer para el Señor. En estos asuntos se necesita un equilibrio cuidadoso, porque el estudio y el poder avanzar es algo correcto, pero algunos se dejan dominar y están abrumados por estos intereses de forma que nunca ocupan su lugar de servicio en la iglesia local. Su objetivo supremo es ser personas realmente importantes y ganar el mayor salario posible, pero ¿y si el Señor tiene otros planes para estos estudiantes? Esto es una pena porque ya todo está planeado y la situación no está abierta a discusión. Ciertos objetivos se han convertido en dioses y el verdadero Dios no debe intervenir.

Aceptamos que tal vez Dios llame a algunos de sus hijos a que lleguen a posiciones de lo más altas en diferentes profesiones. Solo Él es el general a cargo de todo su ejército, pero su Palabra también dice: "¿Y tú buscas para ti grandezas? No las busques"; y no está bien que creyentes sigan objetivos mundanos sin descanso, en una entrega sumisa al sistema de valores del mundo, el cual hace de la educación superior y el avance personal un dios

3. ¿Hace que tengamos un sentido de urgencia?

Otra forma de saber si tenemos dioses ajenos en nuestras vidas es notar las cosas que más alientan nuestro sentido de responsabilidad y urgencia. Es correcto que tomemos en serio muchas cosas, y que respondamos inmediatamente a emergencias tanto en la vida familiar como laboral, pero ¿reaccionamos de la misma forma para los asuntos de Dios? Hay pastores que a menudo se quejan de que hay oficiales de iglesia que parece que no tienen ningún interés, y menos aún urgencia, acerca de los problemas y cosas que lastiman la obra de Dios. Puede que algunos intentos de hacer algo salgan mal y necesiten atención; puede ser que haya personas que necesiten transporte o cuidado; puede que varias áreas de la iglesia se hayan reducido; y, sin embargo, muchos oficiales permanecen extremadamente relajados y despreocupados ante todos estos problemas. Sus pruebas domésticas y personales son quizás los únicos asuntos con una importancia real para ellos. ¿Nos ocurre lo mismo a nosotros? Dejando a un lado los oficiales de la iglesia, ¿cuántas personas que son miembros de la iglesia se dan cuenta de una "emergencia" y responden a la misma? Esto es un indicador efectivo de los dioses en nuestras vidas: aquellas cosas que con más facilidad disparan nuestros sentimientos de ansiedad o preocupación. Obviamente es correcto reaccionar de una forma responsable y urgente ante las emergencias familiares y laborales, pero si no dedicamos la misma atención a los asuntos del Señor, entonces hacemos que la familia y el trabajo se conviertan en dioses.

4. ¿Es para mí o para el Señor?

Finalmente, *nuestros motivos revelan a nuestros dioses*. ¿Es mi objetivo o motivo el ser admirado o que se fijen en mí? ¿Es tener comodidad y felicidad? Si es así, ese objetivo es un dios, al que amamos y servimos. Si somos maestros de la escuela dominical y nuestro mayor objetivo es que *vean* que tengo una gran clase (o al menos más grande que la de los demás) entonces el *prestigio* se ha vuelto un dios. Como predicador, ¿deseo resultados numéricos de forma que otros admiren una congregación grande? Si este es mi interés y objetivo, entonces el orgullo y la autoestima se han vuelto mi dios. Si, por otro lado, mi objetivo es hacer todo lo que pueda por el Señor, para ganar almas, y para su gloria eterna, entonces el Señor es mi Señor y mi Dios.

¿Queremos que la gente nos considere listos, ingeniosos, fuertes, espirituales, elocuentes, con conocimientos, o alguna cosa más? ¿Qué es lo que motiva todas nuestras actividades? Debemos preguntarnos: "¿Cuál es mi motivo? ¿Por qué sirvo al Señor? ¿Cuál es mi objetivo? ¿Mi motivo es jactarme o le sirvo porque le amo?". Debemos pensar respecto a estas cosas porque Dios ha dicho que nunca, en última instancia, debemos depender de algo, ser dominados por algo o tener nuestro afecto por algo que no sea Él mismo. Si queremos obedecer el primer mandamiento, "No tendrás dioses ajenos delante de mí", debemos tener gran cuidado. Nuestra oración debe ser: "Señor, ayúdame a purgar mi corazón y a buscar todo mi bien en Ti. Capacítame para reconocer mi falta en el caso de que otras cosas tomen el control de mi vida".

2

El segundo mandamiento
"No te harás imagen".

Empequeñecer a Dios

> "¡Oh profundidad de las riquezas de la sabiduría y
> de la ciencia de Dios! ¡Cuán insondables son
> sus juicios, e inescrutables sus caminos!".
> *(Romanos 11:33)*

PERDEMOS MUCHO si leemos el segundo mandamiento pensando que solo prohíbe la adoración de ídolos paganos. Obviamente prohíbe la idolatría, pero realmente su principal propósito es prohibir cualquier intento de hacer una representación del Dios verdadero. Este mandamiento prohíbe totalmente cualquier ídolo o imagen de cualquier cosa que intente representar a Dios. El famoso *Catecismo de Heidelberg de 1563* hace la pregunta: "¿No es lícito hacer ninguna imagen?". Respuesta: "Ni podemos, ni debemos representar a Dios [*visualmente*] de ninguna manera". Entonces se hace otra pregunta: "¿No se podrían tolerar las imágenes en las iglesias [*retratando a Dios o a Cristo*], como si fuesen libros de seglares [*es decir, material didáctico para los simples*]?". Respuesta: "No, pues no deberíamos ser más sabios que Dios, quien no hará que su pueblo sea enseñado por ídolos mudos, sino por la predicación viva de su Palabra".

Desde luego podemos utilizar imágenes de eventos bíblicos, especialmente como complementos visuales para los niños, pero nunca representar al Padre o al Hijo eterno (a menos que este sea visto indirectamente, como se explicará después). ¿Pero por qué no podemos hacer ninguna representación visual de Dios? Porque en este segundo mandamiento, Dios, por implicación, está diciendo lo siguiente: "Debido a que soy el Dios vivo y personal, el Espíritu infinito y eterno, nunca debes intentar hacer una representación visual de mí, pues es imposible representar tales atributos. El momento en que me reduces a una imagen endeble, o a una imagen sin vida, insultas mis atributos y estableces un 'dios' pequeño en tu mente".

Es imposible ilustrar a Dios

¿Cómo puede alguien ilustrar al supremo Ser y Espíritu? ¿Cómo podemos representar a un ser que es infinito? ¿Qué modelo o dibujo podría transmitir incluso un poco de una existencia eterna, o de sabiduría y poder ilimitados? ¿Cómo podemos representar la santidad y justicia sublimes de Dios? ¿Podemos producir algo que sea completamente inmaculado e increíblemente perfecto? ¿Y cómo podríamos ni siquiera comenzar a representar una misericordia y un amor insondables? Está claro que ninguna imagen o dibujo de Dios puede tomar en serio a Dios. A pesar de sus maravillosos dones, los seres humanos solo pueden hacer imágenes de Dios si su concepto de Dios es vago, carnal e inadecuado.

Por supuesto que Dios es insultado por representaciones tontas e inadecuadas de Él. Ningún dibujo o escultura en la que fijemos la mirada en adoración puede ayudarnos a enfocar nuestros corazones en Dios reconociéndolo como el Espíritu supremo, el Dios de inteligencia infinita. En el momento en el que lo rebajamos a una representación visual, perdemos toda verdadera admiración y temor reverencial del Dios todopoderoso y glorioso. Solo por medio de las *palabras* que Dios mismo ha elegido para describir sus atributos, podremos conseguir una impresión correcta de nuestro gran y glorioso Rey celestial, y así este segundo mandamiento es una regla crucial para el entendimiento de la verdadera adoración.

Algunos cristianos rompen este mandamiento inconscientemente al tener imágenes de Cristo, como el cuadro tridimensional de la Cena del Señor que frecuentemente se ve. Esto puede ser una expresión de un sentimiento piadoso, pero no es realmente correcto. Los creyentes nunca utilizarían tales dibujos como un altar sagrado ni adorarían delante de ellos, pero a pesar de ello siguen teniendo una representación del eterno Hijo de Dios, lo cual está mal, porque Él es Dios. Las representaciones de Cristo son normalmente arrianas, incluso muy sajonas, y ya sean dibujos, pinturas o representaciones por un actor en una película, el artista o actor debe decidir su constitución física, sus características y expresiones: acerca de lo cual no sabemos nada excepto que "fue desfigurado de los hombres su parecer", y que "no hay parecer en él, ni hermosura; le veremos, mas sin atractivo para que le deseemos" (*Isaías 52:14; 53:2*). En cualquier caso, su vida terrenal, el periodo de su humillación, ya ha terminado, y ahora tiene un cuerpo glorificado y glorioso, algo de lo que tres discípulos privilegiados tal vez alcanzaron a vislumbrar cuando se transfiguró delante de ellos (*Mateo 17:1-8*). Solo lo podemos visualizar muy borrosamente en nuestras mentes, a través de las lentes de un gran respeto, y nunca debemos convertirlo en un mero hombre de nuestra imaginación.

Nunca deberíamos grabar a Cristo en las mentes de los jóvenes en su calidad de hombre terrenal, pues al hacerlo somos iguales a los teólogos liberales que prácticamente le limitan a ser un hombre. No objetaríamos que hubiera una representación por detrás de una figura usando una manta con la cara oculta, digamos, en una escena de un complemento visual para la escuela dominical, pero cualquier otra cosa que pase de eso no muestra respeto alguno al segundo mandamiento. Si alguien protesta que no hay ninguna intención de adorar a través de una imagen o dibujo de Cristo, respondemos que el mandamiento no es solo para prevenir una adoración falsa, sino también para preservar un concepto digno del Señor divino.

Llegados a este punto, puede que sea útil incluir una petición para los líderes de clases bíblicas y los maestros de escuelas dominicales. Cuando se explica el segundo mandamiento existe la tendencia a aplicarlo diciendo a los niños que hoy en día se comete idolatría cuando alguien adora, por ejemplo, a un ídolo del futbol o a una estrella del pop en lugar de al Señor. Si bien esto es verdad, no debería olvidarse que el principal propósito del mandamiento, es decir, enfatizar los atributos divinos, es más interesante para los jóvenes. Les impacta más escuchar que Dios prohíbe representaciones de sí mismo porque su "naturaleza" es demasiado grande como para ser dibujada o representada. La gente hoy en día no sabe nada acerca de la "naturaleza" de Dios, y de que está vivo, que es infinito, eterno, personal, todopoderoso, santo, justo y que lo sabe todo. No saben nada acerca de su corazón amoroso y su majestuosidad, soberanía y gloria, y todo eso puede introducirse a través del segundo mandamiento.

En la adoración se prohíben adornos humanos

Se puede extraer otra enseñanza importante de la prohibición de imágenes, pues por este mandamiento la adoración se hizo simple y espiritual, desprovista de una ornamentación elaborada y trucos humanos. De hecho se nos advierte que no se nos da ninguna posibilidad de adornar la adoración de Dios con arreglos artísticos y extras innecesarios, porque Dios ha diseñado una forma de adoración por medio de palabras inteligentes y sinceras, ya sean cantadas o dichas.

En muchos pasajes la Biblia indica que podemos tener un acompañamiento instrumental, pero hoy en día, las producciones artísticas musicales, que exhiben las habilidades humanas y la teatralidad, y que tienen la intención principalmente de dar placer, van mucho más allá de un acompañamiento, destruyendo el principio que está detrás del segundo mandamiento. El entretenimiento ha sustituido la adoración del Señor, de tal forma que, a menudo, no hay tiempo para la lectura de la Biblia ni para orar (sino un par de frases). Muchos evangélicos creen erróneamente que mientras que no hagan ídolos de piedra nunca pueden ser culpables de romper el segundo mandamiento.

El segundo mandamiento es principalmente positivo al acercar nuestras mentes a los atributos de Dios, los cuales son imposibles de ilustrar y a enseñarnos simplicidad y espiritualidad de adoración. Esta simplicidad fue confirmada muy poco después de que se dieran los Mandamientos, cuando Dios dio las instrucciones para la construcción de un altar (narrado en *Éxodo 20:25*). Dios dijo: "Y si me hicieres altar de piedras, no las labres de cantería; porque si alzares herramienta sobre él, lo profanarás". Solo Dios podía hacer una expiación por el pecado, pues ninguna "obra", habilidad o maestría artística del pecador es capaz de ayudar o contribuir, por lo que el altar debe ser simple. Lo mismo se aplica a nuestra adoración. Ninguna inventiva nuestra debe estropearlo, ya sea imponiendo una arquitectura simbólica, vitrales, coros cantando arreglos musicales complejos y sofisticados, o *shows* modernos de entretenimiento. Todas estas cosas proyectan la capacidad (y el orgullo) humano en la adoración, lo cual está en contra del segundo mandamiento. La prohibición de representaciones visuales de Dios también nos dice que la adoración es por fe, y no mediante algún intento de visualización en nuestras mentes de, por ejemplo, el Salvador, o una mera provocación de sentimentalismo.

La adoración de imágenes visuales no solo requiere de una preparación habilidosa de la imagen, sino también de una habilidad mística e imaginativa. Exige una concentración considerable hacer que la imagen "cobre vida" (o el dios detrás de esa imagen). El monje en su celda fija su mirada en su crucifijo, una imagen sin vida, pero antes de que su "adoración" pueda cobrar vida debe concentrarse en un acto sofisticado de contemplación, imaginación y emociones. El monje meditará con habilidad, concentrando sus pensamientos en el crucifijo, hasta que, para él, casi se vuelva el Cristo crucificado. Debe "adorar" con esta intensidad especial para sentirse satisfecho, y su acto de meditación será (tal vez piense) para su crédito en gran manera, como un acto misterioso.

Por el contrario, la adoración verdadera mediante la fe (en vez de mediante un intento de visualizar a Cristo) es la actividad más simple y humilde que podemos emprender, y aun así la más gloriosa. Desde luego que la adoración requiere esfuerzo, pues debemos preparar nuestros corazones, humillarnos delante de Dios, confesar nuestros pecados, recordar nuestras bendiciones, y regocijarnos ante el Señor tal como nos es revelado en su Palabra. Desde luego que debemos poner fervor y esfuerzo en la adoración, pero si tenemos vida espiritual por medio de la conversión, nuestra adoración no utiliza técnicas artificiales para obtener satisfacción. Hoy en día encontramos grupos musicales y orquestas fomentando sentimientos y emociones, pero estos no son más que "audio-imágenes", una alternativa a la adoración sincera por medio de palabras y fe. La orquesta se ha convertido en la imagen.

En el segundo mandamiento Dios elimina toda forma posible de imagen ya sea visual o audible, para quitar toda adoración hábil y orgullosa, centrada en los hombres y basada en técnicas humanas. Todos los modelos y figuras hechos por el hombre deben desaparecer, y entonces las cortinas del Cielo se abrirán de forma que podamos percibir, por fe, la gloria y la grandeza de nuestro Padre celestial y de nuestro Salvador. Entonces veremos lo que Cristo ha hecho por nosotros en la cruz del Calvario, y nuestras almas, postradas, responderán admirándole y amándole desde lo más profundo del corazón. Es la actividad más simple del alma, pero solo puede ocurrir si escuchamos a Dios (hablándonos a través de su Palabra) y lo valoramos; pero no podrá ocurrir si escuchamos o miramos algún producto procedente de nuestro propio ingenio o habilidades artísticas.

Este mandamiento refleja el carácter de Dios porque todos sus comunicados son directos y sinceros, genuinos y verdaderos. No utiliza un funcionario ni se esconde detrás de una pantalla de imágenes humanas. Cuando Dios en los tiempos del Antiguo Testamento mandó a las personas que construyeran un Tabernáculo y después un Templo, los cuales representaban su gracia y la venida de Cristo, Él mismo eligió los materiales y los símbolos, porque la autorevelación precisa y sin tacha es parte de su veracidad.

La virtud positiva opuesta al pecado nombrado en este mandamiento es la fe, la cual es la base de toda comunicación aceptable con Dios. Se trata de elegir entre imágenes o fe, porque las imágenes siempre destruirán la fe.

3

El tercer mandamiento
"No tomarás el nombre de Jehová tu Dios en vano".

Mantenerse cerca de Dios

*"Este pueblo de labios me
honra; mas su corazón está lejos de mí".*
(Mateo 15:8)

EL VERDADERO PROPÓSITO del tercer mandamiento es gloriosamente positivo porque está diseñado para mantener viva la adoración inteligente y la comunión verdaderamente cercana con el Señor. Lamentablemente, parece ser que mucha gente piensa que el único significado que tiene este mandamiento es condenar que se use el nombre de Dios como una palabrota, y mientras que eso es así, abarca mucho más que eso, pues nos dice *cómo* deberíamos adorarle y en qué espíritu. Aquí Dios da a su pueblo redimido la política que debe seguir a lo largo de toda su vida en sus oraciones.

Para entender el propósito positivo de este mandamiento debemos señalar el significado de las palabras clave, considerando primero la palabra *tomarás*: "No *tomarás* el nombre de Jehová tu Dios en vano". El hebreo significa literalmente: *alzar,* haciendo referencia a levantar la voz para pronunciar el nombre de Dios de una forma religiosa, como en la oración pública, la lectura pública de un pasaje de la Escritura, o el cantar un himno. La persona que dirigía la adoración en los tiempos del Antiguo Testamento "*alzaba*" el nombre del Señor. Por tanto, este mandamiento hace referencia a actos de adoración pública, aunque obviamente incluye *cada* vez que pronunciamos el nombre de Dios en silencio, en la oración personal. El término *en vano* se traduce de una palabra hebrea que obtiene su significado de la idea de una tempestad que pasa rápidamente por el campo y va dejando una tierra desolada. El término significa: *desperdiciado, desolado, vacío,* o vano y fútil. Las palabras que se dicen *en vano* no conllevan un pensamiento positivo. Son áridas y vacías porque se dicen sin una sinceridad auténtica y, por lo tanto, son palabras superficiales o trilladas.

¿Decimos a veces el nombre del Señor así al cantar himnos, orar o al entablar una conversación espiritual usando el nombre del Señor de una manera mecánica o sin fijarnos? Si nuestro corazón no es muy sincero, de forma que no sentimos realmente lo que estamos diciendo, entonces ante los ojos de Dios todo el ejercicio se convierte en una farsa vacía que no es aceptable para Él. Cuando caemos en una adoración fría e indiferente, ¿nos damos cuenta de que estamos rompiendo el tercer mandamiento o pensamos que el mandamiento solo trata con los juramentos blasfemos del incrédulo? El estándar de este mandamiento se aplica siempre que cantemos, oremos o prediquemos, y nos dice que nuestras mentes y corazones deben acompañar muy de cerca lo que estamos diciendo, de otra forma ofendemos al Señor en gran manera.

Debemos notar muy especialmente que este mandamiento exige sinceridad en lo que respecta al *nombre* del Señor. Es evidente que Dios se preocupa enormemente por la manera en la que decimos su nombre, pero ¿por qué? A nosotros no nos importa mucho si la gente utiliza nuestros nombres a la ligera, así que ¿por qué debería Dios preocuparse tanto? La respuesta es que el nombre de Dios es infinitamente mucho más importante que cualquier nombre humano porque es su única descripción. Nuestro Dios todopoderoso no tiene una cara o forma visible, y no podemos verle, tocarle o sentirle de una manera física, ni tampoco podemos percibir o sentir su esencia divina. Tal vez una persona olvide el nombre de otra persona, pero tales personas pueden verse y estrecharse las manos, y aunque alguien no recuerde un nombre de forma inmediata, la existencia de la otra persona es obvia. Es evidente que la persona es un hombre o una mujer, alta o baja, con una apariencia distintiva, de forma que la *identidad* de esa persona no depende completamente de su nombre. Pero el nombre de Dios es mucho más importante que cualquier nombre humano porque solo a través de su nombre nos comunicamos con Él y le conocemos; es su única identidad, y el único canal a través del cual enfocamos nuestras mentes y corazones en Él.

El significado del nombre de Dios

Un nombre es una denominación *personal*, y así, al adoptar un nombre el Señor nos está asegurando que es un Dios personal con el que podemos comunicarnos. Si Dios no tuviera ningún nombre tendríamos que convertirnos en místicos que participan en la adoración confusa de una "fuerza" oculta, amorfa y que no puede ser conocida. Tendríamos que cerrar los ojos, vaciar la mente de todo concepto y adorar en un silencio vacío con ideas poco claras. Si no, tendríamos que ir a una galería de arte y solo mirar fijamente cosas que son hermosas, o echar un vistazo a las flores y los árboles, y esperar que eso, de alguna forma, fuese aceptable como adoración de la "fuerza" impersonal y desconocida. Pero al describirse a sí mismo con un nombre, Dios nos está diciendo que se le puede conocer y que es personal, porque un nombre sugiere comunión e identidad. Por medio de su nombre nos podemos acercar a Él en adoración, oración y con amor. ¡No nos atrevemos a usar a la ligera tan importante nombre! No nos atrevemos a orar o a alabarle o cantarle de tal forma que su nombre no signifique nada a nuestras almas.

Dios ha elegido para sí un nombre lleno de significado que dice a los adoradores lo que deberían tener en sus mentes al acercársele. Ese nombre es "Jehová", que significa "el que existe por sí mismo y que siempre existe". Dios anunció este nombre en *Éxodo 3:14*: "YO SOY EL QUE SOY", procedente del verbo *ser* o *existir*. Dios existe por sí mismo en el sentido de que no tiene que obtener vida y poder de nadie ni de nada fuera de Él. Además, Él es el único Ser que existe por sí mismo, la fuente y manantial de *toda* otra vida; el Creador de todo lo que existe. Él siempre ha existido, y siempre existirá, y Él es el Dios supremo que nunca cambia. Jehová significa todo esto, y estos son los pensamientos que deberíamos tener en mente cuando nos dirigimos a Él. No solo tenemos un Dios *personal* con un nombre, sino que su nombre nos habla de su poder supremo y eterno, y esto debería alentar sentimientos de admiración y un humilde temor reverencial.

De todo esto fluye otro significado del nombre de Dios. Si Él es la fuente y quien sostiene toda existencia, entonces Él es el Único a quien debemos acudir por cada bendición, pues sin Él estamos perdidos. El segundo significado de su nombre es, por tanto: *Padre y Proveedor*. La simple mención del nombre de Dios debería recordarnos su amor benevolente y su misericordia. Si somos tentados a ser engreídos y autosuficientes, su nombre nos reprobará y nos hará humildes, diciéndonos que Él es la única fuente de vida y poder, y que sin Él no podemos lograr nada. Digamos pues su nombre con afecto y entendimiento, recordando siempre que significa que Él es el gran dador, y el que responde nuestras oraciones, quien ayuda y mantiene a su pueblo en toda circunstancia.

En tercer lugar, el nombre de Dios nos habla de su *autoridad*, pues el Creador y Proveedor supremo y que existe por sí mismo es, sin lugar a dudas, el Señor y el Gobernador del universo. Como Creador obviamente también es el Rey, y nosotros somos criaturas y siervos. Elevar su nombre sinceramente implica que estamos reconociéndolo como Señor de nuestras vidas sometiéndonos a Él, y cualquier cosa que no sea una entrega incondicional hará que elevemos su nombre en vano. En resumen, la verdadera adoración implica "elevar" el nombre del Señor con un entendimiento sincero y respetuoso de lo que significa. (1) Debemos reconocer conscientemente que es el Dios que existe por sí mismo, quien tiene vida y poder supremos y eternos. (2) Debemos reconocer que solo Él es la fuente y el dador de todo lo que necesitamos, acudiendo a Él como personas necesitadas y con una actitud humilde. (3) Debemos reconocerle como Señor absoluto de nuestras vidas, a quien le debemos una obediencia y servicio incondicional y decidido.

Desde luego que no queremos parecernos a los escribas y a los fariseos cuya adoración, al evaluarla, el Señor calificó como "vana" (fútil) cuando les aplicó las palabras de Isaías: "Este pueblo de labios me honra; mas su corazón está lejos de mí. Pues en vano me honran, enseñando como doctrinas, mandamientos de hombres" (*Mateo 15:7-8*). Y, sin embargo, cada vez que decimos el nombre de Dios sin que el *significado* de ese nombre glorioso sea entendido en nuestros corazones y mentes, somos hipócritas. Siempre que mencionemos a Dios *debemos* dirigirnos a Él como nuestro Señor personal, *debemos* darnos cuenta de nuevo de que somos completamente dependientes de Él y *debemos* dedicarnos a Él en obediencia absoluta.

Cuando la adoración sincera se deteriora

1. Preocupados por diferentes problemas

¿Y qué decir de esos momentos indignos cuando algo estropea la adoración significativa y amorosa del creyente, especialmente la apreciación de las maravillas de su nombre? Quizás algún problema nos está preocupando y está absorbiendo toda nuestra energía emocional, de forma que cuando cantamos u oramos, nuestra mente está en otro lugar y nuestras palabras son mecánicas. ¿Es hipocresía estar con los nervios de punta o absorto por las preocupaciones? No necesariamente, pero desde luego que nos llevará a la hipocresía si permitimos que se vuelva una costumbre o si no nos esforzamos por combatirlo. Cuando acudimos ante nuestro Dios debemos respetarle, adorarle y recordar que nos mira, porque si no lo hacemos, nos ponemos nosotros solos viento en popa en camino a la hipocresía. ¿Cuáles son esas preocupaciones que a veces roban de nuestra adoración? ¿Acaso son tan grandes que el Dios de toda gracia no puede ayudarnos? ¿Le alabamos con nuestros labios y, sin embargo, dudamos de su poder para ayudarnos? ¿Por qué no podemos dejar nuestras cargas a sus pies y entonces adorarle con nuestros corazones además de con nuestras palabras?

2. Un espíritu mundano

La adoración sin sentido también es el resultado inevitable de un *espíritu mundano*, y Satanás se asegurará de que todos seamos tentados a esto de tanto en tanto. Es posible que creyentes genuinos caigan y se alejen tanto de una vida simple y abnegada de modo que las palabras del profeta se hacen verdad en ellos: "Hacen halagos con sus bocas, y el corazón de ellos anda en pos de su avaricia" (*Ezequiel 33:31*). Se dice el nombre de Dios, pero fuera de la casa de Dios o de donde se ore privadamente, la mente y el corazón están absorbidos por sueños y deseos personales. Quizás alguien está ansioso por salir del culto para poder disfrutar de alguna nueva posesión, o la mente está enfocada en planes decorativos y tonalidades de colores en lugar de pensar en el Señor. El pecado de tomar el nombre de Dios en vano desde luego que no está limitado al inconverso que blasfema y dice palabrotas. Este mandamiento es mucho más gravemente infringido cuando las personas que conocen de la Palabra fingen adorar cuando realmente están pensando en otras cosas.

3. Desobediencia a Dios

La hipocresía en la adoración a menudo es el resultado de negarse a obedecer al Señor en algún deber o llamado. El cristiano ofensor todavía adora en público y ora en privado, pero no quiere cumplir ciertos votos o rendirse completamente a Cristo porque su carrera profesional se ha apoderado de su corazón, o el ocio y las comodidades o algún pecado específico. Cuando surgen oportunidades para compartir el evangelio, o cuando se necesitan maestros para la escuela dominical, o personas que visiten el vecindario, o la iglesia necesita reparaciones, ser limpiada o pintada de nuevo, ese cristiano rara vez está disponible. Cuando inclina su cabeza en oración y se dirige a Dios por medio de su nombre familiar —*Señor*— realmente no es sincero con lo que dice, porque el Señor ya no es su "director" supremo y ni le obedece ni le sirve. Habiendo quitado su significado al nombre del Señor, lo eleva sin pensar lo que está haciendo y Dios tendrá que castigarlo si no reconoce su comportamiento inconsistente y se arrepiente.

4. Un acercamiento casual y perezoso a Dios

Otra forma de hipocresía se ve cuando oramos o cantamos himnos de una forma *perezosa*. ¿Se vuelve a veces nuestra adoración meramente un pasatiempo placentero y poco serio que no incluye gran amor, reflexión o esfuerzo? Cantamos solo si la tonada nos agrada, y seguimos el culto solo a ratos cuando algo inusual capta nuestro interés. Cuando se menciona el nombre de Dios, nuestra mente no está concentrada en una gratitud y adoración verdadera, ni tampoco nos hemos humillado ni nos hemos llenado de temor reverencial. No sentimos cuánto dependemos de Él, ni pedimos bendiciones espirituales verdaderas.

En muchas iglesias se pueden ver personas mirando alrededor, "haciendo un inventario" del edificio o susurrándose entre sí, y aparentemente sin esforzarse en absoluto por enfocar su mente y corazón en el acto de adoración. Toda adoración que es nominal o perezosa es *vana*; y una adoración vana es una infracción del tercer mandamiento. Acercarse de forma casual al Señor es un desastre, y a pesar de ello muchos pastores lo están alentando a través de su forma jocosa en la que llevan el culto y la adoración, su uso de un lenguaje superficial y poco serio e incluso su insensata forma de vestir demasiado casual. El mundo defiende cada vez más la informalidad, pero esta nunca coexistirá con el sobrecogimiento y la reverencia que un entendimiento del significado del nombre de Dios promueve.

5. Existe falsa enseñanza

Para considerar otro aspecto de esto, cuando el Señor denunció a los escribas y fariseos, al mismo tiempo enseñó que la adoración se vuelve vana cuando está acompañada de una enseñanza falsa cuando dijo: "En vano me honran, enseñando como doctrinas, mandamientos de hombres". Decir el nombre "*Señor*" con verdadero significado y sinceridad, incluye un respeto completo por su Palabra. Es imposible que el pastor que desprecia la Biblia y sus doctrinas fundamentales esté siendo serio cuando utiliza el nombre del Señor, pues no tiene respeto por la autoridad de Dios. Él es ley para sí mismo, siendo quisquilloso respecto a qué porciones de la Palabra de Dios aceptará y mezclándolas con ideas humanas.

De manera similar, el pastor o evangelista que cree en la Biblia, pero que no entiende su deber de actuar estrictamente de acuerdo con la Palabra de Dios al aplicar sus métodos para el crecimiento de la iglesia, también le quita su significado al nombre de Dios, pues el Señor ya no es la única fuente de poder, puesto que su Palabra ya no es la guía exclusiva para sus métodos. Al adoptar los trucos e ideas de hombres, y al hacer lo que le parece bien, no puede decir sinceramente *Señor*, pues no le está escuchando ni obedeciendo. Si piensa que las bandas de rock harán que su obra tenga más éxito, las usará sin consultar al Gobernador supremo de la Iglesia, cuyo nombre es *el Señor*. Lo empeora todo al orar al Señor sin estar interesado en obrar bajo su autoridad, y se roba el significado a la palabra *Señor*. Puede que este predicador nunca utilice el nombre de Dios como una palabrota, pero al quitarle a Dios su derecho de gobernar su Iglesia conforme Él desee, está mencionando el nombre de Dios a la ligera y, por tanto, ha infringido la ley de Dios. Todo esto es una burla del tercer mandamiento, el cual fue diseñado para tenernos a salvo y leales bajo la autoridad del Señor. Las palabras de Cristo que a continuación se citan aplican tanto a los obreros evangélicos de hoy en día como a los judíos del primer siglo: "¿Por qué me llamáis, Señor, Señor, y no hacéis lo que yo digo?" (*Lucas 6:46*).

6. Un espíritu descontento y de queja

Se debe mencionar un último ejemplo de adoración vana porque en un momento u otro esto afecta a todos los creyentes. En *1 Corintios 10:10*, el apóstol Pablo advierte "Ni murmuréis", refiriéndose al rechazo de una generación de israelitas debido a este mismo pecado. Quejarnos y refunfuñar con certeza hará que nuestra adoración se vuelva una tierra yerma desolada. Si la palabra *Señor* incluye el entendimiento de que Él es la "fuente de toda cosa buena", ¿cómo podemos decir ese nombre y estar dominados por pensamientos deprimentes, pesimistas y de autocompasión? Mientras que estemos en este estado es obvio que no creemos las cosas maravillosas que implica la palabra *Señor* y, por tanto, no nos consuela ni nos alienta. Evidentemente no pensamos realmente que Dios es el Dios supremo y eterno, fuente y proveedor de todo lo que es bueno, y Aquel que ha prometido escuchar nuestro clamor y ser nuestro Amigo eterno. Por tanto, cualquier murmuración debe controlarse antes de que nos haga dudar de la sabiduría y de la misericordia de Dios, y nos haga decir su nombre de una forma completamente descuidada y vacía.

Para resumir, el tercer mandamiento dice: Nunca eleve el maravilloso y glorioso nombre de Dios sin pensar acerca de su significado y sin creerlo sinceramente. Nos damos cuenta de que no podemos hacer completa justicia al nombre de Dios *cada* vez que lo pronunciamos, pero al menos podemos intentarlo. Siempre y cuando nuestras mentes y corazones sean sinceros al usar cualquiera de los significados del nombre del Señor, seremos capaces de pronunciarlo de manera aceptable.

Tal vez en una ocasión nuestros corazones se conmuevan profundamente porque Dios es la fuente exclusiva de vida y poder, el Ser eterno que existe por sí mismo, mientras que en otro momento podemos conmovernos por un entendimiento especial de que Él es el Dios de toda gracia, la fuente de todo lo que es bueno, el que nos ha dado a Cristo para nuestra salvación, vida y fortaleza y en quien dependemos para todo. Y aun en otra ocasión también podemos ser muy conscientes del aspecto de su nombre que hace referencia a su señorío, dándonos cuenta de nuevo de que a Dios se le tiene que obedecer y servir. Si no entendemos y apreciamos al menos un poco del significado del nombre de Dios y no nos conmovemos debido a ello cuando lo mencionamos, entonces lo estamos elevando descuidada e insolentemente y rompemos el tercer mandamiento.

Aunque el estándar pueda parecer alto, es muy bondadoso, pues si verdaderamente entendemos lo que significa el nombre de Dios y lo pronunciamos con sinceridad y sumisión, recibiremos una bendición inmensurable. Dios nos acercará a Él y nuestra adoración se llenará de luz, entendimiento y certeza de que este Dios es nuestro Dios. Este valiosísimo mandamiento es provisto para mantenernos cerca de Dios.

¿Cómo refleja este mandamiento el carácter de Dios? Lo hace porque el carácter de Dios está grabado en su nombre, como hemos observado a lo largo del capítulo.

¿Cuáles son los otros pecados en la familia de pecados en la cual el mencionar el nombre de Dios de forma vana e hipócrita es el pecado más grande? Toda falta de sinceridad (en relación con Dios) junto con la falta de cuidado, la superficialidad casual, la adoración meramente formal y la hipocresía. ¿Cuáles son las virtudes positivas opuestas que se deben buscar? Claramente la sinceridad, la seriedad, la reflexión respecto a los atributos de Dios y un regocijo agradecido.

4

El cuarto mandamiento
"Acuérdate del día de reposo para santificarlo".

El día especial del creyente

"El primer día de la semana,
reunidos los discípulos para partir el pan . . .".
(Hechos 20:7)

EL CUARTO MANDAMIENTO, el cual es sumamente pastoral y protector, combina de forma única en su alcance: instrucción, preparativos prácticos para tener bendición e incluso profecía. Es una verdadera lástima que algunos que enseñan sobre la Biblia tengan la postura de que este mandamiento perdió en gran medida su autoridad y propósito al final de la era judía, con la venida de Cristo. Evidentemente existen grandes diferencias en cómo se tiene que cumplir este mandamiento desde la abolición de los tipos y las ceremonias de la ley judía, pero al igual que todos los demás mandamientos, es ley moral eterna que refleja el carácter santo de Dios y sus requisitos (como se muestra en la nota final del capítulo).

Este mandamiento un día deberá impedir el camino al Cielo a todos aquellos que negaron darle a su Creador alguna parte de su tiempo y respeto. Independientemente de si este mandamiento se les ha explicado o enseñado, serán juzgados por la *esencia* de lo que requiere de nosotros, pues expone la irracionalidad y dureza de sus corazones. El cuarto mandamiento revelará que aunque la gente sabía que tenía que haber un Creador a partir de la misma existencia del mundo, aun así "no le glorificaron como a Dios, ni le dieron gracias, sino que se envanecieron en sus razonamientos, y su necio corazón fue entenebrecido" (*Romanos 1:21*).

Nada podría ser más razonable que Dios recibiera de seres racionales e inteligentes, todos los cuales están intelectualmente conscientes de su existencia, un poquito de su tiempo, y que indagaran acerca de Él y se sintieran en deuda con Él. En muchas naciones, durante la mayor parte de estos dos últimos milenios, el día del Señor (o el día de reposo) ha influido a multitudes que han sabido que ahí tenían una oportunidad para buscar a su Creador. Conforme Dios mira desde el Cielo, ve la descarada apropiación de *cada* hora y de *cada* día para la adoración de uno mismo, la adoración del placer y la adoración de las posesiones, y observa la absoluta determinación del hombre de no rendir nada, ni siquiera una séptima parte de su vida o pensamientos a su Hacedor. Así que el cuarto mandamiento está designado, junto con otros mandamientos, a ser como una espada encendida para guardar el camino que lleva al reino eterno. En la creación, un sentido de que tenemos una obligación para con Dios quedó grabado en la conciencia del hombre, y este mandamiento representará esa obligación en el día del Juicio.

La naturaleza del día de reposo

Si bien el cuarto mandamiento juega una parte al exponer la irracionalidad de la pecaminosidad humana y al guardar la puerta de acceso a la vida eterna, también fue diseñado para traer bendición y protección al pueblo redimido de Dios en cada época. Para poder valorar y apreciar los muchos beneficios de este mandamiento debemos conocer la importancia que hay en cada palabra. "*Acuérdate* del día de reposo" significa simplemente: "Señálalo; hazlo un día que sea recordado en los años venideros". Con toda certeza la palabra *acuérdate* señala hacia atrás en varias cosas (que se mencionarán en su momento), pero principalmente señala hacia delante. Aunque el preciso día de la semana se cambiaría (los apóstoles fueron inspirados para cambiarlo al "día del Señor"), y aunque los estrictos deberes ceremoniales serían abolidos en Cristo, aun así el pueblo del Señor en generaciones futuras tenía que cumplir el deber de apartar un día para la adoración y la renovación espiritual, siempre que lo permitiera la libertad civil. El lenguaje de Dios es: ¡Acuérdate! … ¡No te olvides nunca! Es un deber para todos los hombres, pero es principalmente un deber para el pueblo instruido de Dios. Este día, como veremos, es el derecho de Dios, y es crucial para la salud de nuestras propias almas y es una parte vital de nuestro testimonio.

El significado del término *día de reposo* da luz al propósito intrínseco del mandato, aunque no existe un acuerdo acerca del significado *total* de la palabra, y por esa razón se utiliza la transliteración inglesa de la palabra *shabbat* en las traducciones inglesas. El significado esencial es descansar, dejar de hacer algo, terminar con algo o incluso conmemorar o celebrar algo. Sin embargo, también hace referencia a un periodo de cambio, como una interrupción o intervalo. Tomando estas acepciones al mismo tiempo, el día de reposo es una interrupción por la que paramos o cesamos nuestras actividades usuales para hacer otra cosa. No significa necesariamente "descansar" en el sentido puramente físico, como si el día de reposo fuera un tiempo para irse a dormir. Sabemos esto porque, en Éxodo *20:11*, el Señor basa el mandato del día de reposo en su propio ejemplo, diciéndonos que después de seis días de su obra creativa Él "reposó el día séptimo". El pasaje paralelo en *Éxodo 31:17* en realidad utiliza el verbo *shabat:* "... porque en seis días hizo Jehová los cielos y la tierra, y en el séptimo día cesó *[hebreo: shabat]* y reposó *[o se refrescó]*". Esto nos ayuda a entender lo que se quiere decir, pues el Dios todopoderoso nunca se adormece ni duerme, y no se cansa ni desfallece.

El pueblo del Señor a veces encuentra que en los domingos hay bastante por hacer a medida que adoran, reciben e imparten instrucción de la Palabra, reúnen a los niños de la escuela dominical y les enseñan, y reciben a los que visitan el culto evangelístico, por no mencionar el estar llevando y trayendo a los cultos a diferentes ancianos, personas que viven lejos y a niños. En estas circunstancias, tal vez pregunten lastimeramente: "¿No se supone que este día tiene que ser un día de descanso?". La respuesta es que es un día de descanso de nuestras *actividades normales*. Es un descanso o intermedio para realizar la actividad más refrescante en el mundo: pasar un día en las cortes del Rey del Cielo y un día a su servicio; y al igual que unas buenas vacaciones pueden llegar a ser extremadamente activas, así el día del Señor debería incluir actividad espiritual para su gloria.

Y un punto más importante es la referencia que se hace a que Dios "descansó" de su actividad creativa, lo cual nos recuerda nuestra necesidad de que seamos refrescados espiritualmente. Aunque el Señor no necesita ser refrescado, adopta una postura humana para enseñarnos que necesitamos apartarnos de este mundo y que las cosas celestiales nos refresquen. Al igual que Dios dejó de crear, nosotros también dejamos a un lado nuestros asuntos cotidianos, apartamos la mirada del ajetreo de las cosas creadas y nos enfocamos en el Creador. Es un tiempo de reflexión y adoración y servicio cuando todo es para el Señor, y siempre que la sociedad nos permita tener tal día, esto es lo que debemos hacer. Así que paremos, dejemos a un lado los asuntos seculares y enfoquémonos en maravillarnos, reflexionar, alabar y servir.

Actividades para el día del Señor

La siguiente palabra en el cuarto mandamiento es muy desafiante: "Acuérdate del día de reposo para *santificarlo*". El vocablo *qadash*, que se traduce como "santificarlo", puede ser traducido como "mantener (o guardar como) santo". La palabra hebrea que se usa aquí no es exactamente la misma que la palabra "guardar" que utilizamos en español, en el sentido de cuidar algo. La palabra hebrea "guardar" significa: "cercar al rededor" (como con espinos) para cuidar o proteger algo. Dios dice que no debemos permitir ninguna erosión del día de reposo, e implícitamente se nos advierte que Satanás intentará arruinar nuestro uso de este día especial, y debemos estar atentos a sus tentaciones y resistirlas. Esta misma semana muchos creyentes en todo el mundo serán tentados a "enredarse" en actividades seculares o innecesarias en el día del Señor. Obviamente debemos ser muy comprensivos en el caso de los creyentes que se ven obligados a trabajar en el día del Señor, pues no tienen otra forma de ganar el sustento para sus familias. Pero ya sea que podamos guardar todo el día del Señor, o solo una parte, debemos a conciencia, guardarlo para Él.

La otra palabra que encontramos en la frase, si tomamos la traducción extendida "mantener santo", es la palabra *santo*, que significa limpio, consagrado, especial, entregado a Dios. En el resto de los días de la semana, las cosas espirituales tienen que convivir con los asuntos seculares, y estos últimos toman lo mejor de nuestro tiempo y energías, pero el día del Señor debería estar libre de toda actividad terrenal. Esto obviamente incluye muchas actividades culturales y de ocio que un cristiano puede realizar seis días de la semana, pero el día del Señor tiene que ser tan especial como se pueda, y muchas actividades, que de otra forma son pasatiempos o recreaciones lícitas, no deberían tener cabida en él. Por ejemplo, en unas vacaciones donde van los jóvenes de la iglesia, aparte de que exista adoración, el fútbol y los juegos de mesa deberían ser reemplazados por actividades realizadas en común como hablar y pasear. Además, es mejor que en los hogares de creyentes se tenga la firme decisión de no ver televisión en este día. En el día del Señor no deberíamos asistir a un culto y después escuchar una sinfonía. Las distracciones terrenales, incluso las buenas, que solo tienen como fin el que disfrutemos, no deberían traspasar el "cerco" o protección que colocamos alrededor del día del Señor.

Hoy en día es común que existan cristianos que muestren gran desagrado ante la idea de que los himnos son sagrados, y muchos quieren hacer que la música de adoración se parezca lo más posible a la música de la industria actual de entretenimiento que es moralmente degradada. Se ríen ante el concepto de que la adoración es algo completamente diferente y separado del mundo, y consideran que las formas musicales de la adoración evangélica tradicional son anticuadas. Pero el mandamiento del día de reposo respalda con toda su importancia los muchos otros pasajes de la Escritura que señalan la adoración como algo *diferente, santo, especial* y *separado*. Nuestra adoración en el día del Señor es diferente, incluso culturalmente distintiva, y todo esto lo enseña el mandamiento del día de reposo. La adoración pertenece primordialmente al día del Señor cuando todas las actividades habituales se detienen y hacemos las cosas de forma diferente, y el día de Dios nunca debe amoldarse al mundo. No buscamos disfrutar a un nivel terrenal, incluso de forma legítima, porque debemos mantener el día *santo* o especial, o apartado para los asuntos del Señor, es decir, adoración, instrucción, servicio y comunión. El estudiante que es creyente hará todo lo posible por no estudiar este día; la televisión, como hemos instado ya, se dejará a un lado, y las horas del día serán un tiempo especial para las cosas del Señor.

Obviamente un día de tal dedicación necesita preparación previa, como en épocas antiguas. Recordemos que los judíos de antaño eran un pueblo agricultor y, por tanto, todos sus programas de trabajo tenían que ser organizados teniendo en cuenta este día. Lo mismo ocurre hoy con la planificación de los deberes domésticos como comprar, limpiar y cocinar, y también los trabajos de los estudiantes que se deban presentar el lunes, los cuales tendrían que terminarse el sábado.

También se tiene que tener en cuenta el cansancio que podamos tener el domingo, pues a algunas personas les afecta gravemente el cambio de nivel de actividad entre el sábado y el domingo. En cuanto se sientan en la casa del Señor se quedan dormidos. Deberían prepararse para el cambio como mejor pudieran, por ejemplo, acabando antes las actividades del sábado. Algunos creyentes se exponen al desastre al permitir que las tareas del sábado continúen hasta la madrugada del domingo, lo que hace que lleven corazones exhaustos y desinteresados al Señor en el mejor día de la semana. Si no nos preparamos para el día, y no hay vivacidad mental, entonces este día no puede ser verdaderamente recordado, observado, protegido, guardado, santificado o consagrado para el Señor, sino que en lugar de eso, se convierte, por así decirlo, en la "bolsa de la basura" de la semana, donde estamos menos alerta, menos fervientes y menos interesados.

El cuarto mandamiento nos dice que "Jehová bendijo el día de reposo", y naturalmente nos preguntamos: ¿En qué sentido lo *bendijo* el Señor? Dios hizo del mismo un día de beneficio espiritual, revistiéndolo de bendiciones que ningún otro día tiene. Si ocurriera alguna tremenda agitación política y, por alguna razón, se declarara que el jueves es el día nacional de descanso en lugar del domingo, esto no afectaría mucho a los verdaderos cristianos pues no somos legalistas en cuanto a estas cosas. Con Calvino diríamos que no nos afecta qué día observemos como el día del Señor pues sabemos que, si la libertad lo permite, cualquier día que se dedique a Dios, Él lo bendecirá de una forma maravillosa, y conoceremos la unción y el poder de *Isaías 58:13-14*:

> "Si retrajeres del día de reposo tu pie, de hacer tu voluntad en mi día santo, y lo llamares delicia, santo, glorioso de Jehová; y lo veneraras, no andando en tus propios caminos, ni buscando tu

voluntad, ni hablando tus propias palabras, entonces te deleitarás en Jehová; y yo te haré subir sobre las alturas de la tierra, y te daré a comer la heredad de Jacob tu padre; porque la boca de Jehová lo ha hablado".

Seis propósitos del día del Señor

Aquí presentamos seis propósitos para los que el día del Señor ha sido establecido mientras el tiempo perdure, todos los cuales se han deducido tanto del mandamiento del Sinaí como del ejemplo de la observancia del día del Señor en el Nuevo Testamento.

1 En primer lugar, este mandamiento provee un tiempo habitual para la gratitud y la adoración en el que el pueblo de Dios cumple sus votos espirituales a su Dios y Rey, dirigiéndole su apreciación y adoración.

2 En segundo lugar, este mandamiento llama a los creyentes a que consideren al Señor y aprendan más de quién es Él, y que reflexionen, indaguen y aprendan más respecto a la fe que les ha sido una vez dada. Este es un día en el que el pueblo de Dios tiene que ser desafiado por su Palabra, conmovido en el corazón, acercado a Dios, edificado en entendimiento y doctrina, y la Palabra los tiene que asombrar y alegrar en gran manera. Es el día para crecimiento espiritual, mucho más que los demás días.

3 En tercer lugar, por medio del día del Señor los cristianos *establecen sus prioridades* y dan una demostración de su obediencia. Al igual que los judíos de antaño tenían que organizar sus vidas en torno a este día de forma que sus programas agrícolas y de negocios se rindieran a las cosas de Dios, así nosotros "interrumpimos" nuestras actividades normales y hacemos como ellos hacían y declaramos que su voluntad es lo que más cuenta en nuestras vidas. Nuestras vidas y los placeres "seculares" están subordinados al Señor en este día invaluable.

4 En cuarto lugar, el día del Señor es un día de testimonio impresionante e importante. Cuando los judíos de antaño organizaban sus vidas en torno a este día, se causaba un gran impacto en sus jóvenes y también en las naciones de alrededor. Quizás todos se preguntaban: ¿Quién es este Dios supremo a quien se le rinde este día? De igual manera hoy, se establece un gran testimonio para todo el mundo que observa cuando al pueblo del Señor se le ve adorando a Dios, predicando el Evangelio y dejando a un lado el cuidar el jardín, lavar el coche, comprar y autocomplacerse en el día del Señor. Este es también el día para las escuelas dominicales evangelísticas y para los cultos evangelísticos para adultos, de forma que idealmente, durante cincuenta y dos domingos cada año, hay un culto para que invitemos a aquellos que no son convertidos. Es, más que ningún otro día, el día del Evangelio. El estudiante convertido que vive en una residencia de estudiantes y cae en la tentación de pasar la mayor parte del domingo como si fuera un día entre semana, no se da cuenta de cuánta oportunidad para testificar está perdiendo. Puede que las personas que no son salvas no lo demuestren, pero ciertamente les impacta el apego que los creyentes tienen al día del Señor. En lo que respecta a las familias, este compromiso con el Señor a menudo también ayuda a probar la sinceridad de los creyentes ante los vecinos, familiares y niños escépticos.

5 En quinto lugar, el día del Señor es especialmente importante como una declaración de que dependemos totalmente de Dios para obtener gracia y ayuda. El judío del Antiguo Testamento bien podría haber suplicado tener más tiempo para recolectar su cosecha o para sembrar. ¡Qué revés comercial suponía el día de reposo!; pero al guardarlo, el pueblo decía al Señor que su bendición era más importante para ellos que la autosuficiencia. De manera similar hoy, hay muchas cosas en las que los cristianos podrían involucrarse para asegurar el éxito de los asuntos en sus vidas. Quizás piensen que podrían

resolver tantos problemas y lograr mucho más si tan solo pudieran "robar" tiempo de este día. Pero el día del Señor es la afirmación que hacemos a Dios de que dependemos de su misericordia, poder y ayuda. Este día es un acto de compromiso que señala nuestra confianza en el Cielo con un lenguaje más elocuente que las palabras.

6 En sexto lugar, al guardar el día del Señor también declaramos a Dios nuestro gran deseo por el día de reposo eterno, pues en parte se nos da el día de reposo como una muestra y una figura de la gloria celestial. En el día del Señor demostramos a Dios que realmente deseamos el regreso de Cristo y el comienzo del orden eterno. Intentamos aferrarnos con avidez a las muestras y anticipos del Cielo que se nos invita a disfrutar cada semana. Despreciar el día del Señor es mostrar que no estamos entre aquellos que anhelan y "aman su venida". El evangélico nominal que adora una vez el domingo y después vuelve a la televisión solo está revelando que prefiere este mundo en vez del venidero. El día de reposo es un símbolo, anticipo o señal de lo que Dios ha prometido, como el escritor de himnos expresa en estas líneas:

> *Te bendecimos por estas arras*
> *De un descanso mejor arriba,*
> *Esta muestra de tu misericordia,*
> *Esta promesa de amor sin límite.*
>
> *Oh Señor, de nuevo te bendecimos*
> *Por tal día como este,*
> *Tan rico en glorias antiguas,*
> *Tan brillante con esperanza de dicha absoluta.*
>
> *Thomas Vincent Tymms*

El día del Señor es una amable prueba de nuestra actitud en todos estos puntos. Si el incrédulo será juzgado por el espíritu del mandamiento, ¿dónde se encontrará el creyente? Hoy en día se escucha de iglesias evangélicas que solo tienen un culto en el día del Señor, afirmando incluso que no hay una garantía bíblica para que haya más de un culto, e insistiendo en que el resto del día es para relajarse y el deleite personal. Cuánto deberíamos apreciar y valorar las bendiciones que el Señor ha diseñado para nosotros en un día que fue dado para guardar nuestras almas, suplir nuestras necesidades y elevarnos al Cielo. No es de extrañar que sea uno de los dos mandamientos (de diez) que se exprese completamente de forma positiva: "Acuérdate del día de reposo para santificarlo". Este mandamiento es su propia "virtud positiva opuesta".

El día del Señor refleja claramente el carácter y el corazón de Dios porque es una muestra de lo que Él quiere y planea para su pueblo eternamente, un reino de adoración, comunión y luz espiritual.

En cierto modo, no guardar el día del Señor encabeza una familia de ofensas: pecados tales como una falta de compromiso con Dios, prioridades que no son espirituales, omisión de devociones y desobediencia a los deberes prácticos para el vivir cristiano. El día del Señor es lo primero para establecer una actitud del creyente hacia todas estas cosas.

El estatus del cuarto mandamiento

Algunos han afirmado que el cuarto mandamiento es el mandamiento que "que está de más" en el decálogo. Piensan que forma parte de las reglas ceremoniales que solo vinculaban a los judíos durante el periodo del Antiguo Testamento, mientras su "pacto nacional" estaba en vigor. Este punto de vista colisiona con tres argumentos invencibles:

(1) Los Diez Mandamientos tienen un estatus único por ser una expresión de los principios eternos de justicia, escritos con el dedo de Dios.

(2) El enunciado en *Éxodo 20:11* de que el día de reposo es una "ordenanza de la creación". Dios santificó el principio de tal día desde el principio.

(3) La inauguración del *día del Señor* como la expresión neotestamentaria del cuarto mandamiento, como se ve en la práctica de la Iglesia primitiva (ej.: *Hechos 20:7*; *1 Corintios 16:2*; *Apocalipsis 1:10*).

5

El quinto mandamiento
"Honra a tu padre y a tu madre".

El plan de Dios para su Iglesia

*"Para que te vaya bien, y
seas de larga vida sobre la tierra".
(Efesios 6:3)*

NORMALMENTE EL QUINTO mandamiento se toma solo de forma literal. Muy a menudo interpretamos de una forma muy limitada lo que Dios ha querido que fuera tomado de una forma exhaustiva, y así evadimos toda la responsabilidad que Dios ha puesto en nosotros. En este capítulo enfatizaremos la aplicación que este mandamiento tiene para la vida en las iglesias de Cristo, en vez del sentido primario de las palabras, las cuales se entienden bastante bien.

Quizás no pensamos que este mandamiento sea uno de los más importantes, porque el asesinato es muchísimo más serio que el no honrar al padre y a la madre, y el adulterio es un crimen mucho más grave. Teniendo esto en cuenta tal vez no consideramos que el quinto mandamiento sea muy importante, por lo que necesitamos que la sorprendente observación del apóstol Pablo nos sacuda en gran manera:

> "Honra a tu padre y a tu madre, que es el primer mandamiento con promesa; para que te vaya bien, y seas de larga vida sobre la tierra" (*Efesios 6:2-3*).

A primera vista parece que Pablo se ha equivocado, porque el segundo mandamiento era el primero que conllevaba una promesa; pero, sin duda, lo que Pablo quiere decir es que era el primero en el sentido de ser el *principal* mandamiento para asegurar una larga vida y bienestar. En otras palabras, podemos parafrasear el mandamiento que Pablo cita de esta forma: "Honra a tu padre y a tu madre, que es el mandamiento más importante *en lo que se refiere a su promesa*, para que te vaya bien y seas de larga vida sobre la tierra".

Si alguien está muy enfermo, lo más importante es llevarlo al médico; y si alguien quiere aprender, el lugar más importante donde tiene que ir es el colegio o la universidad. Si deseamos la longevidad y estabilidad de las familias, o de la sociedad en general, entonces el factor más importante es el quinto mandamiento. Si esto nos sorprende es porque hemos subestimado enormemente el significado y valor de esta parte de la ley santa y maravillosa de Dios.

¿Estabilidad o longevidad?

Pensemos por un momento acerca de la promesa que está ligada al mandamiento en Éxodo: "Para que tus días se alarguen en la tierra que Jehová tu Dios te da". En *Deuteronomio 5:16* esta promesa se expande e incluye las palabras que Pablo cita en *Efesios 6*: "Para que te vaya bien". ¿Ocurre realmente que, si honramos a nuestros padres las cosas nos irán bien y viviremos largas vidas? No necesariamente, porque el cumplimiento del que habla Éxodo y *Deuteronomio* no era la esperanza de vida de una persona, sino el número de años que los israelitas ocuparían la tierra prometida, incluyendo su bienestar como nación. Las palabras del mandamiento son: "que tus días se alarguen en la tierra que Jehová tu Dios te da". La promesa dice que los israelitas disfrutarían de una ocupación larga y estable de esa gran extensión de tierra si cumplían el mandamiento de Dios de honrar y reverenciar a la generación de sus padres, dando el respeto debido a su enseñanza, liderazgo y experiencia. Si bien el mandamiento está dirigido a individuos, la promesa sin duda alguna hace referencia principalmente a la estabilidad y longevidad de la familia o la unidad social. La obediencia a este mandamiento significaba que Dios bendeciría y ellos tendrían una sociedad bien ordenada y segura que no degeneraría en caos, indisciplina y libertinaje.

La manera en la que el apóstol Pablo aplica el mandamiento a los niños muestra que también hay un aspecto personal en la promesa, y desde luego no deberíamos dejar de lado esta interpretación. Dios honrará y bendecirá de una manera especial —conforme a su voluntad para las personas— a aquellos que mantengan un respeto y cuidado por sus padres, siempre que sea posible. Si deseamos bendición y utilidad espiritual a lo largo de los días que tenemos asignados, y nuestros padres no son antagonistas o demasiado exigentes y dominantes, más vale que estemos seguros de estar obedeciendo y agradando al Señor en este punto. Dios considera un gran pecado el que los descendientes de alguien sean testarudos, ingratos y crueles, de modo que rechacen a las personas mayores y les nieguen respeto, interés y apoyo.

Sin embargo, la promesa de larga vida se refiere principalmente, como hemos visto, a la estabilidad y supervivencia de la nación de Israel en su nueva tierra, y dado que Israel tipifica y representa a la Iglesia, se refiere también a la bienaventuranza y estabilidad de la vida de la Iglesia. Dios, en realidad, dice a los israelitas, y por extensión a los creyentes en las iglesias del Nuevo Testamento: "Si dentro de tu nación *[iglesia]* tienes gran respeto por la generación parental, por tus líderes, por tus tradiciones correctas, por la instrucción, guía y consejo, entonces como nación *[iglesia]* serás estable, tendrás éxito, y ocuparás la tierra durante mucho tiempo y continuarás sirviéndome". La aplicación a las iglesias hoy en día es obvia. Si entendemos y honramos los principios de Dios para el gobierno, orden, guía y liderazgo, entonces nuestras iglesias serán estables y bendecidas. Ocuparán durante mucho tiempo la "tierra" de verdad que el Señor les ha dado, y no perderán su candelabro o cesarán de proclamar el evangelio eterno.

"Padres" en el sentido más amplio

¿Pero cómo pasamos del "padre" y la "madre" al gobierno de la iglesia? Al observar cómo el Antiguo Testamento utiliza la palabra *padre* y *madre* se demuestra fácilmente que el quinto mandamiento debía ser aplicado, en un sentido más amplio, a todo tipo de padres, incluyendo guías espirituales. En *Génesis 45,* José dice a sus hermanos que Dios le hizo "padre de Faraón". Obviamente no era el padre de Faraón en un sentido literal, pero este pasaje en la parte inicial de la Biblia nos ayuda a entender el sentido tan amplio con el que se utilizaba a menudo la palabra *padre*. En este caso significaba que José se convirtió en el consejero y en el primer ministro de Faraón.

En el libro de *Jueces* vemos que la palabra *madre* es utilizada de un modo similar, pues se nos dice que Débora se convirtió en "madre en Israel". Debido a que era juez y profetisa, guía y líder, se le llamó *madre*. Recordemos cómo Eliseo clamó a Elías: "¡Padre mío, padre mío!". Para él dirigirse a su maestro con este término era algo normal y habitual, aunque Elías no era su padre literal, sino su líder y mentor, y también el director de la escuela de profetas. El rey Joás hace lo mismo con Eliseo, lo que prueba que era una práctica común. "¡Padre mío, padre mío!", grita a Eliseo, porque era profeta, pastor y consejero.

En los tiempos del Antiguo Testamento los términos parentales eran utilizados con flexibilidad para varios oficios, tanto espirituales como civiles, y en el Nuevo Testamento Pablo utiliza la palabra *padre* de la misma manera cuando dice a los corintios: "Os engendré por medio del evangelio [...] tenéis muchos maestros, pero no tenéis muchos padres". Thomas Watson representa la tradición puritana en su exposición de los Diez Mandamientos cuando divide este mandamiento en cinco secciones, haciendo diferencia entre padres *políticos*, padres de la *antigüedad*, padres *espirituales*, padres *domésticos* (y con esto se está refiriendo a amos y señores de sirvientes o a los que contratan a otros) y, por último, padres *naturales*. En cambio, cuán superficiales somos hoy en día, cuando leemos este mandamiento y pensamos que solo habla de padres *naturales*. Así que aprendemos que el mandamiento es muy amplio, y con toda certeza se aplica al liderazgo en las iglesias.

El significado de "Honra"

¿Qué tipo de respeto implica la palabra "honra" en la forma en que se usa en este mandamiento? Desde luego, no se refiere a una obediencia servil a la gente simplemente porque tengan un cargo importante o porque sean mayores que nosotros. Por ejemplo, ¿cuál debe ser la actitud del cristiano hacia los gobernantes políticos? La respuesta de la Biblia es que estamos sujetos a ellos, excepto cuando ello implique desobedecer a Dios. Pagamos los impuestos y oramos por ellos, para que haya paz y que no haya persecución. Estamos sujetos a ellos independientemente de a qué partido pertenezcan, pero no tenemos ninguna obligación de admirarlos a un nivel personal o de estar de acuerdo con su teoría política. De hecho, ¡cómo podríamos admirarles!, porque muchos, si no la mayoría de ellos, están tan lejos de un pensar bíblico como lo estaba Nerón cuando Pablo escribió sus instrucciones acerca de nuestra actitud hacia los líderes civiles (en *Romanos 13:1-7 y 1 Timoteo 2:1-4*). El cristiano no es un revolucionario social o un rebelde. Es manso y se subordina, es obediente y respetuoso; sin embargo, si el gobernador civil manda algo que es en contra de la ley de Dios, entonces el creyente seguirá la Palabra de Dios incluso hasta la muerte. Sin embargo, mantiene su respeto y obediencia por la autoridad legítima, y ora por los líderes porque sabe que Dios ha planeado el liderazgo nacional como un medio de estabilidad y justicia. No podemos ahora entrar en la cuestión de si alguna vez la revolución social es justificada, aunque algunos grandes teólogos han defendido su validez en circunstancias extremas.

El honrar a nuestros padres naturales conlleva ciertas excepciones, pues recordamos que el Salvador dijo al hombre que quería retrasar su discipulado para poder enterrar a su padre: "Deja que los muertos entierren a sus muertos", y a las multitudes dijo: "Si alguno viene a mí, y no aborrece a su padre, […] no puede ser mi discípulo" (*Lucas 9:60; 14:26*).

Honrar a los padres (especialmente padres irrazonables e incrédulos) no implica ceder a sus diferentes planes de hacer que sus hijos se desliguen de su caminar dedicado al Señor. Si los padres (a veces incluso padres cristianos) son posesivos, autoritarios o dominantes, sus hijos adultos no están obligados a invertir tiempo y energías excesivos consintiéndoles e intentando agradarles, temiendo que si no lo hacen estén rompiendo el mandamiento de Dios. Los creyentes tienen la prioridad del servicio celoso y ferviente en su iglesia local. Ante todo, tienen que honrar al Señor y su responsabilidad de honrar a sus padres viene después de su deber a Dios. Por tanto, la devoción a los padres no puede obstaculizar en absoluto la devoción a Dios. Respetamos y cuidamos a nuestros padres, pero no a costa del Señor.

Algunos matrimonios jóvenes se ponen en una situación comprometida y desacreditan su testimonio ante padres incrédulos aceptando regalos valiosos, donaciones y ayuda de ellos, a menudo con resultados perjudiciales. Puede que los padres piensen que pueden superar al Dios de sus hijos, pues creen con orgullo que estos solo tienen bienestar y circunstancias estables por la gracia de sus padres. Las palabras de Abraham al rey de Sodoma son importantes aquí: "Nada tomaré de todo lo que es tuyo, para que no digas: Yo enriquecí a Abram" (*Génesis 14:23*). Y otra cosa que también es grave es que los hijos se sientan obligados a responder a todas las demandas de tales padres a cambio de todo lo que han recibido. *Honrar* no significa volverse dependiente, estar en deuda o sentirse obligado a algo.

La autoridad en la congregación

La organización de nuestras iglesias está basada en última instancia en la ley de este quinto mandamiento, y ahora examinaremos varias de las formas en las que este protege la vida de nuestra iglesia. En nuestra estima de aquellos que lideran iglesias —padres espirituales— debemos reconocer su importancia y experiencia. La palabra "honra" significa que revestimos a las personas de importancia y valor. No debemos revestirlos con autoridad *personal*, o infalibilidad, ni tampoco darles autoridad sobre nuestros asuntos personales, pero debemos respetarles, escucharles, y seguir su guía bíblica. Esto es una protección vital en contra de problemas y males que surgen tanto por anarquía como a través de la inexperiencia e inestabilidad de la juventud. Imagine lo que sería una iglesia si, desde el momento de la conversión, todos pudiéramos hacer lo que bien nos pareciera, e introdujéramos cualquier idea que se nos pasara por la mente en la adoración y en el evangelismo de la iglesia. En estos días el resultado sería (y lamentablemente lo es en muchas iglesias) mundanalidad y trucos disparatados. Así que Dios ha impuesto un principio de liderazgo y guía para estabilizar las iglesias y para protegerlas de impulsividad, imprudencia e inexperiencia, a pesar de que las ideas que se puedan proponer tengan buenas intenciones (véase, por ejemplo, *Hebreos 13:7, 13:17 y 1 Timoteo 3:6*). Es por medio de la sensatez, el buen juicio y la estabilidad que resulta de ello que la promesa del mandamiento se cumple: "para que seas de larga vida sobre la tierra".

El quinto mandamiento también protege a los jóvenes de orgullo y arrogancia, al exigir respeto por los mayores e impedir que hagan lo que quieran. Nos damos cuenta de que los ancianos y los miembros de mayor antigüedad en la iglesia pueden equivocarse, y no se les tiene que considerar como infalibles, pero damos prioridad a la estructura del Señor a menos que haya claras razones bíblicas por las que no deberíamos hacerlo. En los planes de Dios para una iglesia dedicada al evangelio, no se apresura antes de tiempo a los jóvenes y los que son jóvenes en la fe a puestos de vertiginosa autoridad, ministerio u otras actividades públicas, de forma que el orgullo les invada y a eso siga una caída espiritual (como lo describe Pablo en *1 Timoteo 3:6*).

Si una iglesia presiona a las personas para que tengan cierta responsabilidad o para que desempeñen un servicio determinado cuando apenas han dejado la "cuna" espiritual, claramente está violando el espíritu del quinto mandamiento. Esto no es meramente un error de juicio, sino que se está desobedeciendo un mandamiento que tiene tanta autoridad como aquellos en contra del asesinato y el adulterio; y, sin embargo, hoy en día es común en las iglesias que exista un ascenso prematuro al liderazgo y al ministerio. Las iglesias están cediendo ante el raudal de la música rock y en numerosos lugares con frecuencia el púlpito se vuelve una "plataforma" de jóvenes entreteniendo a las personas y haciendo alarde de sus habilidades. Esto implica transgredir más de un mandamiento al mismo tiempo, y sin duda alguna es un ataque directo a la insistencia que Dios hace de que exista un liderazgo, un gobierno y una guía maduros en la adoración, la enseñanza y las actividades de cuidado pastoral de sus iglesias.

El quinto mandamiento también establece en la iglesia un método para la disciplina, pues autoriza a los "padres" a disciplinar y guiar. Notamos el hecho de que el mandamiento dice: "Honra a tu padre y a tu madre", mencionando a los dos porque la guía de las iglesias involucra no solo autoridad y disciplina, sino también amor y cuidado. La ilustración de los padres es muy acertada y valiosa aquí pues los padres y las madres tienen a sus hijos que van creciendo en sus corazones. Se preocupan por su comportamiento, pero también aman a sus hijos. Si se hacen daño o se apartan del camino, los padres sienten una profunda carga y lo mismo ocurre en la iglesia. Los líderes espirituales deben tener afecto, compasión y entendimiento, y ser celosos para proteger y alentar al pueblo de Dios. Dentro de la familia de Dios siempre hay una generación que deja atrás la juventud y avanza gradualmente a un grupo de edad más maduro, y estos miembros deberían ir "revistiéndose" del manto de cuidado, interés, responsabilidad, afecto y amor, pues ahora ellos están pasando de *honrar* a los padres espirituales a *ejercer* la paternidad espiritual.

El liderazgo es rechazado en los últimos días

Al describir la fragmentación social de los postreros días (en *2 Timoteo 3*), Pablo menciona especialmente que las personas serán "desobedientes a los padres". En otras palabras, las personas serán insumisas a todos los diferentes niveles paternales, ya sean líderes de la sociedad, padres naturales, ancianos de la iglesia o tradiciones bíblicas sostenidas desde hace mucho, las cuales merecen un respeto diligente. Junto con esto, la gente será ingrata, y esto incluiría cristianos orgullosos que parecen completamente indiferentes a la fuente humana de todas sus bendiciones y beneficios. Un poco más adelante Pablo menciona gente que es impetuosa e infatuada, y con ello quiere decir imprudentes y cegados con vanidad. Al no tener tiempo para el orden de Dios, tales personas traen un trastorno interminable e inestabilidad a la sociedad y a menudo también a las iglesias de Cristo. Sin duda alguna estos son los días en los que vivimos ahora, y debemos alentarnos los unos a los otros a que no permitamos que el espíritu de este mundo actual se vierta en la vida de nuestras iglesias. El quinto mandamiento es provisto para el confort y la preservación de la sociedad, pero principalmente para la iglesia, y para la restricción de pecados egoístas y ambiciosos, y para la supervivencia de una cultura y un estilo de vida verdaderamente cristianos. La longevidad espiritual de una iglesia bendecida depende de esto.

Este es el segundo de los mandamientos positivos, por lo que es su propia "virtud positiva opuesta". La maldad o perversidad negativa opuesta es el desdén a la autoridad parental a cualquier nivel: en la vida familiar, en la vida nacional o en la vida de la iglesia. El quinto mandamiento refleja el carácter de Dios porque la impartición de respeto y honra es parte de su propio ser, como vemos en la unidad y armonía perfecta de los miembros de la Deidad Trina. El reino de gloria eterno verá cómo Dios habrá traído a todo el pueblo redimido y a la santa hueste angélica, a un estado de obediencia y adoración a Él imperecederas y sin mancha. Este es su gran plan, conforme a su voluntad y carácter santos.

6

El sexto mandamiento
"No matarás".

¡Asesinos! ¡Todos!

> "Pues me temo que cuando llegue [. . .] haya
> entre vosotros contiendas, envidias, iras, divisiones,
> maledicencias, murmuraciones, soberbias, desórdenes".
> *(2 Corintios 12:20)*

SI HAY UN MANDAMIENTO que la mayoría de las personas nunca ha transgredido ese es el sexto mandamiento —o eso es lo que ellos creen—. En países donde hay paz el asesinato se considera un crimen minoritario, pero como ya hemos señalado repetidamente, cada pecado que se nombra en los Diez Mandamientos es solo el principal pecado de una familia de ofensas. Si vemos solamente el asesinato de forma literal en este mandamiento, limitamos enormemente el mensaje que Dios deseaba transmitir, como Cristo lo mostró en el Sermón del Monte, cuando enseñó que el *odio* es una violación de este mandamiento. Nuestra primera tarea es identificar los pecados en la familia del "asesinato" y después explorar las *virtudes positivas opuestas* de estos pecados, y poner nuestras miras en ellas. Al final de este capítulo se comentará acerca del aborto como una forma de asesinato.

Cuando el Salvador amplió la aplicación de este mandamiento para incluir la ira, el odio y el desprecio hacia otros, no estaba diciendo a sus oyentes nada nuevo ni estaba añadiendo un significado que los creyentes del Antiguo Testamento jamás hubieran imaginado. Simplemente estaba señalando lo que Moisés había enseñado cuando el mandamiento se dio por primera vez. (¿Y quién era Moisés sino un hombre inspirado por Cristo, el verdadero autor?).

Moisés expande los pecados que están en la familia del asesinato

Poco después de que Moisés diera los Diez Mandamientos al pueblo, Dios le dio una serie de reglas adicionales, incluyendo una lista de ofensas que se castigarían con la muerte, siendo la primera de ellas el asesinato (*Éxodo 21:12*). A esta, inmediatamente le siguen otros cuatro crímenes que merecen la sentencia de muerte, todos ellos sin duda estrechamente relacionados con el asesinato, aunque a primera vista parezca que tienen poco en común. Un comportamiento violento hacia el padre o la madre merecía la muerte (incluso aunque ninguno hubiera muerto), y el crimen de secuestro o de tráfico de esclavos, y también el acto de maldecir a los padres de uno (lo cual sin duda involucraba repudiarlos y no apoyarlos en edad avanzada). Si alguien hacía daño a una mujer embarazada y perdía el bebé, el agresor tenía que perder la vida. A partir de esta agrupación de crímenes queda claro que Moisés estaba tratando con ofensas de la misma familia general de pecados como el asesinato.

Pero, por ejemplo, ¿cómo se llegan a incluir en esta familia de pecados de asesinato el abuso y la humillación de los padres? La respuesta obvia es que tal conducta "asesinaba" el autorrespeto, la dignidad y el bienestar de esos padres. Recordemos que en la antigua familia del medio oriente, si los hijos adultos repudiaban y humillaban a sus padres, les quitaban toda razón significativa para existir. Esos padres de edad avanzada tenían el derecho de ser honrados, ser apoyados y tener compañía familiar, y su felicidad y gozo estaban conferidos en su familia. Verse despojado de todo esto era una forma de asesinato, un acto de odio que arrancaba de los padres algo tan valioso como la vida misma.

De forma similar, mostrar tal desprecio por otra persona como para privarla de su libertad y capturarla para ser esclava, era un pecado que estaba en la misma familia que el asesinato. Es claro que Moisés enseñó que el sexto mandamiento incluía un grupo de crímenes en los que el rechazo, la degradación y el desprecio arremetían contra el bienestar y la libertad vitales de otros. Por tanto, no deberíamos pensar que el Señor Jesucristo, en una época subsecuente, alterara y manejara indebidamente la ley antigua, o la cambiara, o añadiera a la misma, pues las cosas que el Salvador enseñó habían estado siempre ahí para que lo viera la gente. Después de todo el Señor es quien escribió el Antiguo Testamento en primer lugar, y Él sabía lo que tenía que transmitir.

Moisés añade el odio y la calumnia

Levítico 19 también contiene una aplicación detallada de varios de los Diez Mandamientos y brinda más luz respecto a cómo se le enseñaba a pensar a la gente. En este capítulo Moisés intercala libremente mandatos que prohíben el odio, la calumnia y el chisme con aquellos en contra del asesinato y la venganza, lo que muestra una vez más que estas ofensas están todas en la misma familia general. Moisés dice: "No andarás chismeando entre tu pueblo. No atentarás contra la vida de tu prójimo. [...] No aborrecerás a tu hermano en tu corazón" (*Levítico 19:16-17*).

La misma asociación de ideas ocurre en el siguiente versículo mismo, donde el crimen de una venganza homicida se coloca en la misma categoría que el resentimiento hostil, enemistad o el guardar rencor: "No te vengarás, ni guardarás rencor a los hijos de tu pueblo, sino amarás a tu prójimo como a ti mismo" (*Levítico 19:18*).

Por lo visto, en la ley de Moisés, el quitar la vida era la peor y la principal ofensa de toda una familia de pecados de "odio" que incluían el chisme, la calumnia, la esclavitud, maquinaciones maliciosas, "destrucción" moral de los padres, rencor y cosas similares. Así que cuando el Señor Jesucristo expande la ley en *Mateo 5*, dice precisamente lo que Él ya había dicho por medio de los labios de Moisés, mostrando a los judíos lo que deberían haber entendido todo el tiempo:

> "Oísteis que fue dicho a los antiguos: No matarás; y cualquiera que matare será culpable de juicio. Pero yo os digo que cualquiera que se enoje contra su hermano, será culpable de juicio; y cualquiera que diga: Necio, a su hermano, será culpable ante el concilio; y cualquiera que le diga: Fatuo, quedará expuesto al infierno de fuego. Por tanto, si traes tu ofrenda al altar, y allí te acuerdas de que tu hermano tiene algo contra ti, deja allí tu ofrenda delante del altar, y anda, reconcíliate primero con tu hermano, y entonces ven y presenta tu ofrenda" (*Mateo 5:21-24*).

Aquí se nos confirma que el sexto mandamiento incluye el odio en el corazón y la ira sin una causa justa. Los insultos que el Señor menciona no eran insultos desenfadados o arrebatos de ira momentáneos, sino insultos impulsados por el odio, deliberadamente hirientes y mordaces. Decir "¡necio!" a alguien evidentemente era una expresión de desprecio que tenía la intención de humillar, de forma que alguien quedaba totalmente apabullado y descartado como inútil. En cierto modo, se cometía un asesinato "moral" por medio del desprecio y la indiferencia, de modo que se rompía el sexto mandamiento. La palabra "¡fatuo!" igualmente tenía la intención de infligir el máximo daño y rechazo.

Asesinato emocional hoy en día

¿Hemos roto el sexto mandamiento? "¡Nunca!", puede que respondamos, pues nunca hemos matado a una persona, pero esto es esconderse detrás de la letra de la ley, porque todos somos culpables de desprecio, desdén, odio, ira, calumnias, confabular contra otros, chismes, rencor e incluso a veces el dejar a un lado a los padres de forma hiriente. ¿Y qué decir de la esclavitud? ¿Hay alguien, quizás un miembro de nuestra familia, que prácticamente haya sido privado de libertad, felicidad y satisfacción debido a nuestra manera de vivir egoísta, autoritaria y cruel?

En algunos periodos de la historia de la raza humana, ha existido la norma cultural de que los maridos quiten la libertad a sus esposas, haciendo que sus vidas tengan poca importancia y no tengan sentido, e incluso hoy en día algunos maridos cristianos pisotean los dones de sus esposas y su potencial de servicio espiritual, tratándolas como a inferiores en todos los sentidos. El sexto mandamiento coloca esto en la familia de pecados del homicidio, pues tal comportamiento desmoraliza y denigra egoístamente a la otra persona. Obviamente no es tan serio como el asesinato, pero está en la misma clase de pecado. La esclavitud y la servidumbre en todas sus formas, incluyendo una actitud grotesca en el matrimonio, son consideradas en este mandamiento como asesinato moral.

El asesinato incluye en su familia el negar afecto y amor propio a otra persona; destruir la reputación de otra persona y la anulación de la libertad y felicidad de alguien. A la luz de esto, ¿dónde estamos respecto al sexto mandamiento? Que este mandamiento sea para muchos un ayo que nos lleve de vuelta al trono de gracia pidiendo perdón a Dios y un carácter renovado.

Sin la conversión, la mayoría de las personas (especialmente después de los veintitantos) desarrollan un odio profundo por ciertas personas, y pasan gran parte de sus vidas impulsados por la hostilidad o la envidia. Pero incluso después de la conversión quedan vestigios de estas actitudes dentro de nosotros, y debemos esforzarnos por dominarlas, con la ayuda de Dios, de forma que siempre que sea posible seamos personas de amor, amabilidad, paz y reconciliación. El sexto mandamiento habla al respecto de este aspecto vital de nuestra santificación.

El apóstol Pablo agrupa estos pecados relacionados, al igual que lo hicieron Moisés y el Salvador. En *2 Corintios 12:20*, por ejemplo, leemos esta extraordinaria lista de pecados: "Contiendas, envidias, iras, divisiones, maledicencias, murmuraciones, soberbias, desórdenes". ¿Acaso no es fácilmente reconocible esta familia de odio y homicidio en este lamentable catálogo de discusiones, hostilidad, ira, mal carácter, chismes, calumnias e intrigas, en los que las personas se matan entre sí moralmente, y realmente también mata la obra del Señor al mismo tiempo? ¿Se dan cuenta las personas que son frías y conflictivas en la iglesia local de que son culpables ante Dios de romper el sexto mandamiento? ¿Se dan cuenta aquellas personas rencorosas y que cuentan chismes de que Dios ya ha establecido un cargo en su contra: un crimen en la familia del homicidio y el odio?

Con el riesgo de volver a repetir lo mismo, vemos a Pablo una vez más agrupando los pecados de homicidio y odio en su lista de las "obras de la carne" en *Gálatas 5:20-21*, donde nombra: "Enemistades, pleitos, celos, iras, contiendas, disensiones, herejías, envidias, homicidios". Para probar el punto aún más, considere la lista de pecados de Pablo en *Romanos 1:29-30*, donde agrupa todo lo siguiente: "Maldad, [...] envidia, homicidios, contiendas, engaños y malignidades; murmuradores, detractores, aborrecedores de Dios, injuriosos". La galería de pecados es la misma que en las otras dos listas.

El reflexionar por qué estos pecados deben ser considerados como los "hermanos y hermanas menores" del homicidio es un ejercicio importante y desafiante. No hemos cometido un homicidio literal, pero muchas de nuestras acciones tienen una semejanza familiar. Todas las ofensas que se mencionan en las listas del apóstol *asesinan* las relaciones entre creyentes, y *matan* la profunda armonía espiritual de la iglesia. Todas ellas son actos destructivos, con la intención de dañar, lisiar y destrozar a otra persona (o a muchas), de alguna forma.

Considere las murmuraciones o chismes y las maledicencias o detracciones, las cuales son comentarios o cuentos crueles y hostiles susurrados en tono confidencial sobre personas a sus espaldas. Se asesina la reputación de tales personas y, al mismo tiempo, la forma de tratar con las ofensas que el Señor ordenó es pisoteada por completo. También se destruye el espíritu amoroso de aquellos que escuchan chismes rencorosos, pues hay pocos males más infecciosos que las maledicencias o detracciones. Las contiendas o el carácter pendenciero son un homicidio obvio de la comunión y del servicio para el Señor. El ser contencioso pronto lleva a la *ira*, la cual es una palabra que se traduce como furor (como *respirando fuerte*). Esta es una mera furia animal que da lugar a conmociones, pisoteos, heridas, divisiones, a menudo sin el más mínimo esfuerzo de ejercer autocontrol, y sin conciencia alguna acerca de la matanza o daño espiritual que se causa a la obra del Señor. ¿En qué otro lugar podría mencionarse tal pecado sino bajo el estandarte del homicidio? La próxima vez que veamos a una persona que estropea la paz, la armonía y el testimonio de una congregación, tengamos claro que tal persona está cometiendo pecados bajo la categoría del homicidio y el odio.

Cuando entramos en la membresía de la iglesia prometemos y nos comprometemos a estar unidos con otros hermanos y hermanas en el Señor conforme a las reglas de Cristo. Hacemos (o deberíamos hacer) promesas solemnes a Dios de que analizaremos todos nuestros problemas, quejas y ofensas en la forma que la Escritura establece, y en un espíritu de mansedumbre y progreso. Pero algunos creyentes hacen caso omiso de estos estándares (junto con sus promesas y votos) cada que les conviene. Quizás han sufrido alguna ofensa, o están en desacuerdo con otros en la iglesia, pero, debido a que el orgullo está involucrado, se niegan a buscar una solución en la forma bíblica y en vez de eso se lanzan a detractar a las personas e incluso a ser abiertamente hostiles. Obviamente se herirá a otros y las relaciones se romperán, y se impedirá la obra de Dios porque el Espíritu es contristado. Puede que sea un "nivel pequeño" de rencor, pero todavía se encuentra en la clase de ofensas del homicidio y el odio.

Envidias y otros pecados homicidas

Pablo también menciona: "Envidias, celos, soberbias, herejías", y una conducta "aborrecedora de Dios". ¿Cómo es que estas cosas están en la lista de la familia del homicidio y el odio? Las palabras "envidias" y "celos" se traducen a partir de dos palabras griegas, de las cuales una significa "quemarse" o que hierve la sangre de celos y deseos fuertes, y la otra significa desperdiciar o arruinar lo que alguien posee o privarlo de ello, obviamente como resultado del rencor y la malicia. Si soy una persona envidiosa, seré incapaz de soportar la idea de que alguien tenga una oportunidad, posición o cosa que yo no tenga. Arderé en deseos de tener la misma cosa, y probablemente al mismo tiempo me sentiré contrariado con la persona que goza de ciertas ventajas de las que yo carezco y la despreciaré. Obviamente tal emoción destruirá cualquier respeto, afecto o lealtad que pueda tener hacia la otra persona, y puede que mi rencor y malicia me lleven a realmente herir o "castigar" a la otra persona ("homicidio relacional").

Los pecados de la detracción y murmuraciones (o chismes) que mencionamos antes a menudo son el resultado de celos triviales sin importancia. Mediante los celos, la envidia y la furia Caín ya había "asesinado" a Abel en su corazón mucho antes de que lo matara, porque la ofrenda de su hermano había sido aceptada y la suya había sido rechazada.

Las "soberbias" son manifestaciones de una altivez, orgullo, o autoimportancia que menosprecian a otros y no muestran respeto. Las "soberbias" tienen un elemento destructivo y homicida porque la gente altiva no tiene tiempo ni respeto por nadie más, aparte de ellos mismos. Tales personas a menudo son indiferentes a la comunión cristiana a menos que ello les dé una plataforma para mostrar su superioridad, y no participan humildemente en el trabajo en equipo para servir al Señor, puesto que la comunión cristiana y el humilde trabajo en equipo para servir al Señor hace mucho tiempo que han sido "asesinadas" por el corazón altivo.

La palabra "injuriosos" lleva el desprecio aún más allá, pues la persona injuriosa no solo desprecia a otros, sino que les insulta y les daña. También sabemos cómo una persona que es engreída y que está absorta en sus propias ideas pronto se rodeará de un círculo de personas que piensen igual a ella o de personas que la admiren para formar un círculo cerrado de gente o bando. A esto es a lo que se refiere Pablo cuando habla de "herejías": manifestaciones de un "espíritu de bando". Independientemente de lo que aparenten, estos cristianos no se someten verdaderamente a la autoridad de la Palabra de Dios. Deciden lo que quieren y están determinados a salirse con la suya y, al hacerlo, "asesinarán" y destruirán cualquier cosa que se les resista o que frustre sus intenciones, y herirán así a las personas, a las iglesias y el mismísimo honor de Cristo.

La lengua: un arma asesina

Otra prueba de que todas estas ofensas son miembros de la familia de pecados del homicidio y del odio la tenemos en la carta llamada *Santiago* (que Jacobo, el medio hermano del Señor Jesús, escribió), donde se nos dice muy claramente que el corazón envidioso y la lengua hostil constituyen un veneno mortal, lo cual da lugar a guerras entre creyentes en las que ellos se "matan" entre sí. Jacobo no habla de un homicidio literal, sino que, como Pablo, reconoce otras ramas del homicidio. En *Santiago 3:8-9 y 14* leemos: "Pero ningún hombre puede domar la lengua, que es un mal que no puede ser refrenado, llena de veneno mortal. Con ella bendecimos al Dios y Padre, y con ella maldecimos a los hombres, que están hechos a la semejanza de Dios. [...] Pero si tenéis celos amargos y contención en vuestro corazón, no os jactéis, ni mintáis contra la verdad".

Jacobo continúa con el tema en el capítulo *4:1-2*: "¿De dónde vienen las guerras y los pleitos entre vosotros? ¿No es de vuestras pasiones, las cuales combaten en vuestros miembros? Codiciáis, y no tenéis; matáis y ardéis de envidia, y no podéis alcanzar; combatís y lucháis, pero no tenéis lo que deseáis, porque no pedís".

Es obvio que los miembros de la iglesia a los que Jacobo se dirigía no se estaban asesinando físicamente entre sí, sino que lo estaban haciendo en su corazón y con sus lenguas, así que Jacobo no tiene reparos en acusarlos de homicidas morales. Repitiendo y resumiendo el argumento, cualquier brecha de relaciones (sin una causa bíblica y justa) es una forma de asesinato. Cualquiera que destruya la reputación o el bienestar de otra persona, infringiendo dolor a propósito y odiando a esa persona con todo su corazón, es un asesino. Rechazar a otras personas tachándolas de inútiles y destruir su felicidad, libertad, paz y propósito para vivir es matarlas moralmente.

Jacobo explica todo esto en términos de guerra y paz. La conducta puede ser caracterizada tanto por guerra, hostilidad, luchas y matanzas (los pecados pertenecientes al homicidio y odio) o por paz y amabilidad. Así que dice: "Pero la sabiduría que es de lo alto es primeramente pura, después pacífica, amable, benigna, llena de misericordia y de buenos frutos, sin incertidumbre ni hipocresía. Y el fruto de justicia se siembra en paz para aquellos que hacen la paz" (*Santiago 3:17-18*).

Homicidio del alma

Todavía hay otra forma de homicidio que es incluso más terrible que cualquier cosa que hayamos mencionado hasta ahora, y aun así es una forma de homicidio en la que verdaderos creyentes pueden estar implicados. El peor acto de crueldad es el gran crimen del homicidio *espiritual*. El homicidio espiritual se incluye en la primera declaración de castigo capital en la Biblia: "El que derramare sangre de hombre, por el hombre su sangre será derramada; porque a imagen de Dios es hecho el hombre" (*Génesis 9:6*). En otras palabras, el hombre es especial y está por encima de los animales porque tiene un alma. Tan solo por esta razón, la vida humana es sagrada. Debido a que tenemos un alma eterna, la muerte de un hombre tiene implicaciones eternas, pues con la muerte el periodo de prueba en la tierra acaba instantáneamente y el futuro eterno del alma ya no puede cambiarse. El crimen del homicidio físico incluye la destrucción de la oportunidad espiritual de una persona. El mandamiento "No matarás" abarca tanto la terminación del potencial espiritual del hombre como la vida de su cuerpo. Pero ¿y si asesinamos el alma dejando el cuerpo vivo?

El Señor Jesucristo habló de este tipo de homicidio —el homicidio del alma— cuando dijo a los judíos: "Vosotros sois de vuestro padre el diablo, y los deseos de vuestro padre queréis hacer. Él ha sido homicida desde el principio" (*Juan 8:44*). Cuando Satanás causó la Caída del hombre, Adán y Eva no experimentaron inmediatamente la muerte natural, pero en el día que comieron del fruto prohibido, ellos, junto con toda la raza humana, murieron *espiritualmente*, y así en el Huerto del Edén el diablo se convirtió en asesino. Su muerte física que ocurriría después sería el *resultado* de su pecado, pero el acto esencial de homicidio fue la tentación que llevó a su caída espiritual (como *Romanos 5:12* deja claro).

Es probable que el homicidio espiritual sea cometido siempre que a las personas se les separa totalmente de la verdad de Dios, o cuando se enseña un error que destruye el alma. El Salvador condenó a los maestros judíos por quitar la clave del conocimiento al decir: "Vosotros mismos no entrasteis, y a los que entraban se lo impedisteis" (*Lucas 11:52*).

El Señor pronunció unas de las palabras más severas en la Biblia cuando advirtió en contra de interferir con las oportunidades espirituales de los jóvenes y niños. Dijo a sus discípulos: "Imposible es que no vengan tropiezos; mas ¡ay de aquel por quien vienen! Mejor le fuera que se le atase al cuello una piedra de molino y se le arrojase al mar, que hacer tropezar a uno de estos pequeñitos" (*Lucas 17:1-2*). No hay duda alguna de que la gente será considerada completamente responsable por pecados en contra de las oportunidades espirituales de otros, y por cualquier complicidad en el homicidio del alma. Todos los ateos militantes serán culpables ante Dios por este pecado, y los escribas y los fariseos de la antigüedad estarán junto a ellos en ese horrible día, como así también lo estarán los dignatarios de la Iglesia de Roma y los arrogantes exponentes del liberalismo teológico. Cada autor de veneno moral espiritual será castigado por este crimen grotesco: el homicidio de almas eternas.

Cristianos, ¿también asesinos?

Pero ¿y nosotros? ¿Hay alguna forma en la que los creyentes puedan ser culpables de este terrible crimen? Desde luego que sí, porque podemos ser asesinos espirituales al rehusarnos a salvar las vidas de almas moribundas. Con toda certeza esto es lo que Pablo tenía en mente cuando clamó: "¡Ay de mí si no anunciare el evangelio!" (*1 Corintios 9:16*). Y esta también era la idea detrás de las palabras de Pablo (que se narran en *Hechos 20:26-27*): "Por tanto, yo os protesto en el día de hoy, que estoy limpio de la sangre de todos; porque no he rehuido anunciaros todo el consejo de Dios".

¿Hemos sido cobardes y nos hemos quedado callados cuando deberíamos haber hablado a nuestra familia y conocidos acerca del Señor y del camino de la salvación? ¿Hemos sido fríos o perezosos en cuanto al evangelismo en nuestra iglesia? ¿No han inspirado (o liderado) los predicadores a las personas a que sean celosas, fervientes y activas en el testimonio personal, en visitar el vecindario y en la obra de la escuela dominical? ¿Y qué decir de las iglesias bíblicas que han decidido que ni siquiera intentarán llevar a cabo la obra de la escuela dominical? ¿O de aquellas que están conformes con tener un esfuerzo minúsculo y sin el debido apoyo? ¿Qué estamos haciendo con la luz salvífica que tenemos?

Y en un área diferente, ¿estropeamos la credibilidad de nuestro testimonio por medio de una conversación banal o episodios imprudentes de mal genio en nuestro trabajo o lugar de estudio? ¿Sorprendemos y consternamos a nuestros hijos con hipocresía y una conducta sin santificar en casa? ¿Dañamos las oportunidades espirituales o el progreso de los adultos y niños que nos rodean de alguna forma? ¡Que Dios no permita que nos veamos implicados en la tragedia del homicidio espiritual!

Debemos recordar que visto desde un punto de vista humano las almas se pierden por una variedad de cosas. Algunos mueren por inanición del Evangelio, pues no han tenido ningún sustento espiritual proveniente de creyentes que viven en la casa de al lado, o que trabajan en el mismo lugar, o incluso porque en la iglesia a la que asisten no hay predicación evangelística. Algunos mueren por asfixia porque la gente que respira el aire de vida espiritual no tiene compasión por ellos. Algunos perecen debido al veneno del error, a pesar de que había creyentes cerca que les podrían haber ayudado y corregido. Y algunos son aplastados y heridos de modo que entran en duda y confusión debido a las vidas inconsistentes de aquellos que profesan ser cristianos, quizás incluso los mismos padres.

"Porque la palabra de Dios es viva y eficaz, y más cortante que toda espada de dos filos; y penetra hasta partir el alma y el espíritu" (*Hebreos 4:12*). El sexto mandamiento verdaderamente nos escudriña y desafía a todos, ya seamos una persona mundana o un hijo de Dios, pues todos hemos sido "asesinos" de una forma u otra, y necesitamos el perdón de Dios y el gran poder del Espíritu que nos capacite para vivir vidas puras y agradables para Él.

Lo opuesto al homicidio

Lo opuesto a la pecaminosidad del homicidio y el odio es: el ser desinteresado, el afecto, la estima, la amabilidad, la amistad, el ser de ayuda, el ser de apoyo, la simpatía y el dar aliento. Estas cosas nunca florecerán hasta que la batalla en contra de sus pecados opuestos se tome en serio mediante un autoexamen, arrepentimiento y un esfuerzo para no volver a pecar. Algo que ayuda enormemente es odiar estos pecados, al ver cuán destructivos son y también su carácter homicida. Orar mucho por otras personas también nos ayuda, porque esto no solo trae la bendición de Dios a sus vidas, sino que también moldea nuestra actitud hacia ellas, de forma que deseamos lo mejor para ellas y no podremos despreciarlas tan fácilmente. Cuando surjan pensamientos hostiles y despreciativos, también ayuda recordar nuestras propias tendencias pecaminosas e insensatas, y también cuánto nos hemos beneficiado del perdón y la longanimidad del Señor y de otras personas.

La familia de pecados del homicidio y la hostilidad está tan profundamente arraigada en el corazón humano caído que la mayor parte de la guerra espiritual y el proceso de santificación están centrados en ello. Obtener la victoria sobre estos pecados es el factor clave dentro de cualquier avance en santificación, mientras que descuidar esta familia de pecados es perder la batalla. Cultivar las virtudes positivas opuestas, por medio de la oración, agrada al Señor, gana a los perdidos, resiste todas las pruebas y santifica increíblemente tanto a la iglesia como a la familia.

Las virtudes positivas opuestas se ven en el carácter de Dios de una manera suprema y magnífica, pues Él es amor, y todas las virtudes misericordiosas son continuas y en Él no tienen fin, y fueron gloriosamente reveladas en la vida terrenal de Jesucristo, nuestro Salvador y Señor. La esencia de este mandamiento, tanto en su aspecto positivo como en el negativo la tenemos en *Efesios 4:31-32*:

"Quítense de vosotros toda amargura, enojo, ira, gritería y maledicencia, y toda malicia. Antes sed benignos unos con otros, misericordiosos, perdonándoos unos a otros, como Dios también os perdonó a vosotros en Cristo".

El aborto: el precursor de la antimoralidad

El aborto es sin duda alguna una forma de homicidio, a menos que sea para salvar la vida de la madre. Trágicamente, la mayoría de personas hoy en día han sido condicionadas a pensar que solo es "una cosa terrible que hay que hacer", y no un asesinato, y aunque va en contra de todo instinto humano (excepto en el caso de personas con un corazón muy endurecido), las personas no se dan cuenta de que ello implica un homicidio. No entienden que la vida fetal es una vida verdadera.

El día en el que el aborto se hizo legal en el Reino Unido en 1967 rompió una especie de "barrera válida" en el pensamiento de la sociedad, porque las demandas más fundamentales de Dios ya no eran sacrosantas ni respetadas. El hombre se volvió su propio señor y legislador, y la adaptación radical de los valores morales y el reescribirlos se volvió aceptable. La legalización del aborto, lo cual es la invención de un ateísmo extremo y militante impulsó la sociedad permisiva e hizo que la gente relegara a Dios y sus leyes al pasado "ignorante", quizás más que cualquier otro evento. Pero el Señor reina, y el anhelo de los creyentes es desde luego eso expresado en el parafraseado décimo salmo:

Lo has visto, Señor, lo sabemos,
Tú eres Rey de todo aquí.
Oh, levántate y eleva tu mano,
Obra con poder en esta tierra;
Rompe la poderosa fuerza del pecado
Y crea un día de bendición.

[Para un estudio serio el autor recomienda el exhaustivo capítulo que John Jefferson Davis tiene sobre el aborto en su obra de 1985 *Evangelical Ethics* (Ética evangélica), Baker Book House, Grand Rapids].

7

El séptimo mandamiento
"No cometerás adulterio".

Una valla que nos protege del desastre

> "Pero fornicación y toda inmundicia, [...] ni
> aun se nombre entre vosotros, como conviene a santos".
> *(Efesios 5:3)*

LA FRASE "no cometerás adulterio" es, desde luego, una prohibición absoluta de la fornicación física en todas sus formas y, sin duda alguna, vincula a toda persona en un sentido literal. Además, pronuncia un juicio divino contra toda excitación e indulgencia sexual y sensual incorrectas, junto con toda pornografía y lenguaje obsceno. Este santo mandamiento condena una conducta depravada, disoluta y licenciosa, e igualmente condena la actividad homosexual, el adulterio mental y la indecencia. Con respecto a los productores de las revistas para adolescentes que incitan a la aventura sensual, destruyendo la moral y la verdadera felicidad de millones de jóvenes, y también con respecto a los productores de las telenovelas que hacen que la promiscuidad juvenil parezca atractiva, si se enfrentaran a Dios al final de la vida sin haber sido convertidos y perdonados, su juicio será decisivo y terrible. De manera similar, las autoridades públicas, los ministros del gobierno y los maestros que implementan la campaña que enseña a los niños en edad escolar a que crean que tienen el derecho a la indulgencia sexual, siempre y cuando se protejan contra la concepción, perecerán bajo este mandamiento. Rechazar los mandamientos de Dios, sustituyéndolos arrogantemente con ideas corruptas, y enseñar tales cosas a otros, implica desafiar al Señor e incurrir en el castigo eterno.

La forma en que la Biblia usa el término *adulterio* muestra que dicho concepto abarca dos aspectos: la impureza y la infidelidad. Muchos cristianos no son conscientes de que el adulterio es el más grande y peor pecado de una familia de pecados que incluye otras formas de infidelidad, como la traición o la deslealtad a cualquier unión o relación especial con la que tenemos un deber bíblico de fidelidad, especialmente nuestra relación con el Señor. La primera parte de este capítulo se enfocará en la infidelidad marital y su prevención, mientras que la segunda mitad se enfocará en la infidelidad a nuestra congregación o amigos, y también la infidelidad espiritual.

En lo que respecta a los creyentes, el aspecto de "fidelidad" de este mandamiento es de gran protección, pues puede impedir que nos hundamos en la miseria y el dolor, que desperdiciemos oportunidades espirituales inestimables, que perdamos amistades vitales o que seamos tentados a dejar el lugar o la iglesia donde Dios quiere que estemos. Es sumamente importante que "afiancemos" esta regla positivamente en nuestras vidas cristianas, pues está diseñada para mantenernos a salvo dentro de ciertos vínculos o relaciones especiales, siendo el matrimonio el más grande ejemplo de ello. Sobre todo, nos mantiene leales al Señor, guardándonos de la mundanalidad y de alianzas espirituales con aquellos que no han prometido obedecerle y amarle como nosotros.

Ningún mandamiento es meramente una demanda despótica y arbitraria por parte de Dios determinada por un capricho inexplicable. Si Dios prohíbe el adulterio, entonces podemos estar seguros de que hay una multitud de razones vitales, comenzando con el hecho de que la pureza y la fidelidad infinitas son la esencia del carácter glorioso de Dios.

Adulterio: una renuncia del estatus humano

Proverbios 6:23-32 nos alienta a que busquemos las razones detrás de este mandamiento. Salomón dice: "El mandamiento es lámpara, y la enseñanza es luz, [...] mas el que comete adulterio es falto de entendimiento; corrompe su alma el que tal hace". Al que adultera no le importan las cualidades distintivas de la naturaleza humana. El adulterio físico rebaja a las personas al nivel de bestias debido a que se someten a apetitos y lujurias. Una diferencia fundamental entre los seres humanos y los animales es el don de la razón y el poder de la determinación moral, por medio del cual se ejercita el autocontrol en las relaciones íntimas y personales. El adulterio equivale a renunciar a estos atributos humanos distintivos, al estatus humano y a someternos a instintos e impulsos animales. Equivale a despreciar y desechar la dignidad y valía humana esencial.

¿Es difícil evitar el adulterio físico? No, afirma la Biblia; es un pecado fácilmente evitable y completamente irrazonable, especialmente en el caso de quienes creen en Cristo. Tal pecado implica dejar a un lado el nivel ordinario de responsabilidad y fortaleza moral que incluso los mundanos pueden poseer, y esto queda claro a partir del tono firme de la exhortación de Pablo en *Efesios 5:3*: "Pero fornicación y toda inmundicia [...], ni aun se nombre entre vosotros, como conviene a santos". El adulterio nunca es una caída repentina, sino que más bien siempre es el resultado de entretener pequeños, pero crecientes, malos pensamientos y deseos impuros.

La autodestrucción del adulterio

Las palabras de Salomón citadas antes nos advierten que el adúltero se destruye a sí mismo. El adulterio no solo tiene un efecto devastador en la persona (o familia) que se traiciona, sino en el adúltero personalmente. El Salvador advirtió (en *Mateo 12:39-45*) que implica el colapso moral total de la persona en cuestión, siendo la infidelidad algo autodestructivo y dijo: "La generación mala y adúltera demanda señal", siendo las palabras "generación adúltera" la clave a lo que sigue. Al continuar hablando el Señor dijo: "Cuando el espíritu inmundo sale del hombre, anda por lugares secos, buscando reposo, y no lo halla. Entonces dice: Volveré a mi casa de donde salí; y cuando llega, la halla desocupada, barrida y adornada. Entonces va, y toma consigo otros siete espíritus peores que él, y entrados, moran allí; y el postrer estado de aquel hombre viene a ser peor que el primero". En esta ilustración el espíritu inmundo, el espíritu adúltero e infiel, abre la puerta a una tremenda pérdida de carácter y a un rápido declive a caer en muchos otros pecados.

Los muchos pecados que se incluyen en la fornicación comienzan cuando se desprecia y se rechaza el estatus humano y también cuando se traiciona una relación y confianza especial que fue hecha con promesas vinculantes. Otros pecados implicados son la lujuria, el egoísmo, la crueldad y el engaño deliberados. El antiguo dicho es verdad, se puede ser un mentiroso sin ser un adúltero, pero no se puede ser un adúltero sin ser también un mentiroso. No es de extrañar que los pasajes de la Biblia que hacen referencia al juicio se pronuncien tan fuertemente contra el adulterio, como cuando Pablo dice: "Ni los fornicarios, […] ni los adúlteros, […] heredarán el reino de Dios". Pedro también dice: "Sabe el Señor […] reservar a los injustos para ser castigados en el día del juicio; y mayormente a aquellos que, siguiendo la carne, andan en concupiscencia e inmundicia, y desprecian el señorío *[la autoridad de*

Dios]". Dios, desde luego, juzgará todo pecado, pero hay pecados que son como "imanes" pues atraen muchos otros pecados y estos actos están designados para un juicio especialmente severo, y el adulterio está en esta categoría, pues "a los fornicarios y a los adúlteros los juzgará Dios". Lo mismo aplica a toda forma de indulgencia sexual, ya sea en pensamiento o acción, porque todas autodestruyen el carácter y la vida espiritual.

Es obvio que si tenemos un entendimiento adecuado de cuán viles son estas cosas, será más probable que nos abstengamos de cualquier tentación a ser infieles o a tener pensamientos o actividades sensuales. La mente necesita estar equipada con una repugnancia realista respecto a tales pecados. En este sentido "el mandamiento es lámpara" porque revela las razones de la prohibición del pecado. También es una lámpara que mantiene en el camino al viajero nocturno, impidiendo que se adentre en terreno peligroso.

Remedios para prevenir el adulterio

Cambiando la analogía, este mandamiento es un tipo de valla de seguridad que nunca debe ser cruzado bajo ninguna circunstancia. En cualquier discusión o insatisfacción marital, existe cierta valla que nunca cruzaremos; una línea por la que no pasaremos. El territorio prohibido comienza en el momento en el que el corazón humano caído y malvado empieza a cuestionar la unión que Dios le ha dado o a murmurar contra ella, quizás lamentando esta relación, teniendo resentimiento contra ella y deseando algo más. En el caso de que nos aproximemos a esa "tierra de nadie", y de que el diablo nos meta ideas vergonzosas y escandalosas en la mente, entonces nos enfrentaremos a una valla alta con las palabras "¡Ni siquiera se te ocurra pensar en la infidelidad!" inscritas en ella. Si la debilidad de la carne con su egoísmo, insensibilidad, mal carácter y malhumor hace que el marido y la mujer entren en una mala relación, ambos estarán protegidos de su peor comportamiento por esta línea divisoria —si es que temen a Dios y respetan sus mandamientos. Solo los necios y rebeldes treparán esta barrera y avanzarán, permitiendo que maduren en sus mentes ideas prohibidas, destruyendo así el "dispositivo" de la fidelidad y rindiéndose a pensamientos "abrasadores" de hostilidad, resentimiento o autocompasión. La base de toda lealtad y fidelidad es respetar, valorar, honrar e incluso temer esa valla que limita el avance de pensamientos malos e impide que los problemas se escapen de las manos. Dios nos ha dado este límite para nuestra protección vital, y solo la carnalidad deliberada y la altivez abusan del mismo.

Debemos mantener una determinación firme de apagar y poner bajo control el más mínimo pensamiento de murmuración que surja en contra de la valiosa relación que Dios ha ordenado, aprobado, sellado y santificado. Las personas casadas deben temer el pecado de abusar el límite protector y general, pues se pertenecen el uno al otro, y desear que ese no fuera el caso es algo impensable. Que nadie se atreva a adentrarse en la tierra de nadie para contemplar cómo serían las cosas con alguien diferente, o a abrigar odio, porque cuestionar la relación especial del matrimonio incluso en pensamiento, ya es un acto de traición y "adulterio".

El adulterio comienza en el momento en que se duda de la barrera de Dios y se desprecia. Una vez más tomamos debida nota de las palabras de Pablo: "Pero fornicación y toda inmundicia [...] ni aun se nombre entre vosotros". ¿Cómo pueden los esposos y esposas asegurarse de no caer en la tentación de infidelidad? En primer lugar, tenemos que amarnos mutuamente. En segundo lugar, tenemos que agradecer a Dios por cada uno, y orar por cada uno diariamente. En tercer lugar, nunca debemos cruzar el límite del séptimo mandamiento, ni siquiera considerando la idea de que estaríamos mejor el uno sin el otro. En el mismo instante en el que surjan pensamientos hostiles, de resentimiento o de autocompasión, estos se deben expulsar de la mente y se deben sustituir por pensamientos y recuerdos apreciativos.

En cuarto lugar, no debemos debilitarnos nosotros mismos rindiéndonos a los deseos de la carne en otras áreas de nuestra vida, como una codicia que satisfaga todos nuestros caprichos. Puede darse el caso de que el marido y la esposa tienen una relación muy afectiva y nunca han sido tentados a ser infieles, pero sucumben a la codicia sin ningún tipo de autocontrol, y se consienten con entretenimientos, conforts terrenales, comida, ropa o posesiones. A veces la gente llega al punto en el que debe satisfacer cada capricho y deseo. Puede que estas actividades no sean inmorales, pero una autoindulgencia excesiva siempre significa claudicar ante Satanás y la carne, lo cual lleva a un debilitamiento considerable del carácter. Muy pronto el tentador puede pasar a tentaciones maritales; al principio con pequeños desacuerdos, para después desarrollar tentaciones mayores. La persona debilitada es la más vulnerable.

Algunos creyentes pasan horas viendo la televisión, se conceden vacaciones extravagantes, y justifican y compran cualquier cosa que les gusta. Pero al hacer esto prácticamente se entregan al enemigo de sus almas, y puede que pronto queden cautivos a su voluntad. Cuando los músculos de la abnegación están en tan malas condiciones que ya no pueden usarse, entonces Satanás pasa a hacer cualquier cosa que desee. Si eligiera el adulterio, entonces, casi sin esfuerzo primero empujaría al creyente a esa "tierra de nadie" donde se contemplan pensamientos de infidelidad, y de ahí a deseos apasionados, y finalmente al pecado carnal.

Algunos creyentes son tan insensatos (y pecaminosos) como para mirar con admiración al sexo opuesto (o fotos), permitiendo que sus mentes encuentren excitación emocional y sexual, de forma que cometen los pecados de fornicación y adulterio en sus mentes. La advertencia del Salvador es bien conocida: "Cualquiera que mira a una mujer para codiciarla, ya adulteró con ella en su corazón". "La voluntad de Dios", dice Pablo, "es vuestra santificación; que os apartéis de fornicación; que cada uno de vosotros sepa tener su propia esposa en santidad y honor; no en pasión de concupiscencia [anhelo], como los gentiles que no conocen a Dios" (*1 Tesalonicenses 4:3-5*).

Dentro del matrimonio, el amor debe mantenerse vivo, pero algunos hombres son muy deficientes al expresar el amor por sus esposas. El amor marital en la Biblia incluye honor, estima, respeto, gentileza, cortesía y afecto, y estas cosas deberían ser cultivadas, atesoradas y profundizadas.

Lealtad hacia otros creyentes

Recordamos que el adulterio es el pecado representativo de una familia entera de acciones y actitudes de infidelidad, y pasamos ahora al tema de la comunión entre creyentes para ver cómo el séptimo mandamiento conserva la cercanía y bendice esos lazos de unión. Hay que reconocer que no estamos ligados a nuestros hermanos y hermanas espirituales mediante los mismos lazos absolutos e inquebrantables que nos unen al Señor y a su Palabra, o que nos unen en matrimonio; sin embargo, estamos vinculados en lealtad entre nosotros por mandatos y obligaciones bíblicas. ¿Qué ayuda obtenemos del séptimo mandamiento para mantener nuestras amistades y también nuestro grupo de colaboradores en varias esferas del servicio cristiano? ¿Qué ocurre cuando las dificultades surgen y las personalidades chocan? ¿Qué pasa cuando el estrés y la carga de trabajo llevan a malentendidos y a discusiones que no valen la pena o al resentimiento? ¿Cómo podemos protegernos nosotros mismos de que las cosas se salgan de las manos y lleven a un alejamiento con todo el daño espiritual que ello conlleva?

En todos los casos existe el deber del respeto mutuo y lealtad al lazo de membresía de la iglesia, o a cualquier amistad que Dios nos haya concedido misericordiosamente, a menos que haya problemas graves como la falta de arrepentimiento de un pecado o la repudiación de una doctrina sana. Que el séptimo mandamiento sea visto como un muro protector alto alrededor de la amistad o las relaciones cristianas, y que la inscripción del muro diga: "No serás infiel a tus amigos espirituales y familia espiritual y a otros siervos del Señor". Entonces, cuando surjan los problemas nos diremos a nosotros mismos: "¡Hasta aquí y nada más!".

Puede que Satanás intente influirnos y diga: "¡Podrías estar mejor sin esta persona! ¡Detéstalo! ¡Siéntete ofendido por ella! ¡Desprécialo! ¡Evítala! ¡Habla en contra de él! ¡Ignórala! ¡Diles a otros sus defectos! ¡Moléstala! ¡Tiéndele una trampa! ¡Cambia tu círculo de amigos!". Con la influencia de la idea principal del séptimo mandamiento, todas estas ideas se rechazarán sabiendo lo que son: las seducciones que Satanás hace a nuestra naturaleza pecaminosa remanente. Entonces pondremos nuestros ojos en Dios para proteger nuestros corazones y mentes, guardándonos de pecados insensatos.

Si alguien que profesa ser cristiano es innecesariamente desleal a su iglesia local (suponiendo que la iglesia sea sana y se esté esforzando por obedecer al Señor), está traicionando una relación solemne y especial que Dios ordenó. Una persona que es crítica hacia la Iglesia de Cristo, que pone dificultades o es maquinadora en la iglesia es culpable ante los ojos de Dios de infidelidad al cuerpo de Cristo.

La fidelidad es una virtud muy valiosa e inmensamente protectora que fluye del mismísimo corazón de nuestro Dios que es fiel, paciente y que guarda el pacto. Nos mantendrá en el camino de bendición, aumentará nuestra utilidad y nos dará una felicidad y gozo sin límites, ya sea en el matrimonio, entre amigos o en el servicio cristiano. El servicio a Dios en equipo depende especialmente de una fidelidad mutua fuerte y paciente.

El cultivo de la lealtad

No es sorprendente que cuando Pablo rogó que se ayudase a Evodia y a Síntique para que fuesen de un mismo sentir en el Señor, él procediera a decir: "Vuestra modestia sea conocida de todos los hombres. El Señor está cerca" (*Filipenses 4:5*, RV 1909). Se ha dicho que la palabra griega traducida *modestia* en la Reina Valera de 1909 podría verse como una combinación de las siguientes virtudes: paciencia, entrega, simpatía, amabilidad, gentileza, sensatez dulce, consideración, benevolencia, apacibilidad, magnanimidad y generosidad.

También se ha sugerido que una buena traducción es: *de gran corazón o generoso*. Esto es tanto la medicina preventiva como la curativa que limita y extingue la hostilidad mutua y la sospecha entre amigos. Pero si la virtud preventiva falla, entonces la valla limitadora que impide que cualquier problema relacional esté fuera de control nos mantendrá a salvo. Las palabras "No cometerás…" deben frenar las tendencias indignas de corazones caídos. ¿Ponemos esto en práctica? ¿Nos hemos propuesto firmemente a que nunca alberguemos pensamientos y odios destructivos en todas nuestras relaciones santificadas? ¡Qué gran ayuda son estos mandamientos cuando se utilizan correctamente! Señor, verdaderamente ¡"Amplio sobremanera es tu mandamiento"! (*Salmo 119:96*).

Hace casi cuarenta años (tiempo más que suficiente para que nadie conozca o recuerde a quien me voy a referir) el escritor recuerda a dos ancianas en su iglesia que eran bastante diferentes a la mayoría porque se percataban de cualquier cosa que no fuera perfecto. Equipadas con unas fuertes capacidades analíticas, veían —o pensaban que veían— segundas intenciones y malas actitudes en todo el mundo, especialmente en los jóvenes. Estas ancianas tenían su propia clasificación mental de las personas, dividiéndolas en grupos aceptables y grupos de poca confianza, y pocas personas escapaban de su mirada crítica. En vano se les intentaba persuadir de que cuando se perciben problemas, la intercesión es el portavoz de la fidelidad. Se habían vuelto completamente negativas en su práctica constante de pensar lo peor sobre cualquier situación humana en la iglesia, y su actitud y pensamiento no tenían cura.

La Escritura diría que se entrometían en las vidas de otras personas, incluso aunque nunca retaran a los "ofensores" que tenían en mira. Este es un estado trágico y pecaminoso en el que se puede caer. Si el "negativismo" y la sospecha comienzan a apoderarse de nuestras mentes (y el diablo a veces intentará ocasionar esto) y vemos que estamos actuando como investigadores, jueces y jurados al evaluar a otros, entonces debemos arrepentirnos, parar esa línea de pensamiento y recordar nuestro deber de fidelidad los unos con los otros. Van a surgir ofensas, pero no a la escala sospechada por quien piensa negativamente, quien al final actúa más como un guionista de telenovelas que como alguien que cree en el poder y la gracia de Dios los cuales transforman vidas. El Señor es maravillosamente fiel, de manera que tenemos el séptimo mandamiento, cuyas virtudes positivas son lealtad, magnanimidad, no guardar rencor, no gozarse de la injusticia, esperar todas las cosas y un amor que nunca deja de ser.

Una vigilancia negativa de la congregación normalmente es extremadamente inexacta e injusta, y siempre implica un chismorreo pecaminoso, incluso si esto está revestido de un interés piadoso y es compartido solo con unos cuantos confidentes. El Señor nos ayude a valorar y desear cumplir con las grandes reglas bíblicas de la comunión. Tenemos el deber de ser fieles y leales a Dios y a nuestro cónyuge y, desde otra perspectiva, a otros creyentes en nuestra iglesia y a nuestros amigos. Esto refleja el mismísimo corazón de Dios, y es algo que debemos custodiar y desarrollar para su deleite y gloria.

¿Qué es el adulterio espiritual?

En varios pasajes del Antiguo Testamento (se dan ejemplos en la gráfica de la página siguiente) se acusa a Israel y Judá del pecado de adulterio por adorar ídolos paganos. El hecho de que se hagan frecuentes aplicaciones del séptimo mandamiento al adulterio *espiritual* en ambos Testamentos hace que no exista duda alguna de que debemos hacer esa importante conexión hoy en día. Apostatar de la verdad se describe como adulterio porque abandona nuestro compromiso total y exclusivo hacia el Señor y hacia su Palabra al asociarnos con ideas religiosas falsas, o con la mundanalidad. Es importante señalar que cuando los israelitas cometían adulterio espiritual, normalmente no renunciaban a la verdadera religión, sino que introducían una adoración pagana junto a ella. El adulterio espiritual de hoy en día es el adulterio de una doble vida, en la cual los creyentes mantienen una adoración evangélica y sirven al mundo al mismo tiempo.

> ### Ejemplos donde el Antiguo Testamento aplica el adulterio al adulterio *espiritual* de adoración de ídolos
>
> Isaías acusa al pueblo de adulterio porque "os enfervorizáis con los ídolos debajo de todo árbol frondoso" (*Isaías 57:3-5*).
>
> Jeremías dice que la tierra "adulteró con la piedra y con el leño" (*Jeremías 3:8-9*). También condena el "adulterio" de incensar a Baal (*Jeremías 7:9*).
>
> Llama a la gente adúltera porque no se "fortalecieron para la verdad" (*Jeremías 9:2-3*).
>
> Hace referencia a sus adulterios por confiar en la mentira, y menciona "la maldad de tu fornicación […] en el campo" donde fueron construidos los altares de los ídolos (*Jeremías 13:25 y 27*).
>
> Dice que la tierra estaba llena de adúlteros, transigiendo tanto los profetas como los sacerdotes porque "profetizaban en nombre de Baal", causando que el pueblo errara (*Jeremías 23:10-14*).
>
> Ezequiel también acusa a las naciones de idolatría y añade: "Han cometido adulterio con sus ídolos" (LBLA) (*Ezequiel 23:37*).
>
> Dios le dice a Oseas que ame a una adúltera para ilustrar "el amor de Jehová para con los hijos de Israel, los cuales miran a dioses ajenos" (*Oseas 3:1*).
>
> Malaquías habla de la abominación de Judá al abandonar el amor del Señor y casarse con la "hija de dios extraño" (*Malaquías 2:11*).

Aclarando más el asunto, debemos enfatizar que los judíos de antaño disfrutaban de los beneficios de un pacto nacional con nuestro Dios Todopoderoso. Cualquier defección de su parte era una traición o un abuso de una relación única y solemne, y esto es lo que hacía que su idolatría espiritual fuera algo que implicaba adulterio. También nosotros, como gente redimida hoy en día, tenemos una relación pactada con el Señor, a través de Cristo, y cualquier brecha de la misma es adulterio espiritual. Todo el dolor y las pérdidas que sufrió el evangelicismo británico durante los últimos cien años han sido el resultado de la infidelidad por parte de muchos pastores, y otros también, que han llevado al pueblo de Dios a una claudicación ante falsos maestros. Sin embargo, se siguen alentando las alianzas ecuménicas y una literatura que no es sana. Hay una valla que lleva escrito con letras de sangre el séptimo mandamiento en el lenguaje del Nuevo Testamento y dice:

"No os unáis en yugo desigual con los incrédulos; porque ¿qué compañerismo tiene la justicia con la injusticia? ¿Y qué comunión la luz con las tinieblas? ¿Y qué concordia Cristo con Belial? ¿O qué parte el creyente con el incrédulo? ¿Y qué acuerdo hay entre el templo de Dios y los ídolos? Porque vosotros sois el templo del Dios viviente, como Dios dijo: Habitaré y andaré entre ellos, y seré su Dios, y ellos serán mi pueblo. Por lo cual, salid de en medio de ellos, y apartaos, dice el Señor, y no toquéis lo inmundo; y yo os recibiré" (*2 Corintios 6:14-17*).

Aliarse espiritualmente con los enemigos del Señor es, desde un punto de vista bíblico, un acto de adulterio, incluso de traición.

"*No cometas adulterio*" debe ser el letrero en la valla que nos separa del error y de la incredulidad de una enseñanza espiritual falsa, lo cual incluye leer los libros de aquellos que ofenden al Señor por su transigencia, o ir a las escuelas bíblicas donde no se respeta ni se ama la Palabra de Dios, u otras actividades desleales y perjudiciales. Estos son asuntos graves y tanto es así que se les asigna un mandamiento moral fundamental.

Pero también se comete adulterio espiritual cuando se permiten sin restricción algunos deleites mundanos irreligiosos en las vidas o en la adoración del pueblo del Señor, pues Jacobo dice:

> "¡Oh almas adúlteras! ¿No sabéis que la amistad del mundo es enemistad contra Dios? Cualquiera, pues, que quiera ser amigo del mundo, se constituye enemigo de Dios [...]. Y vosotros los de doble ánimo, purificad vuestros corazones" (*Santiago 4:4 y 8*).

Cualquier cristiano que comience a amar las cosas de este mundo: sus entretenimientos, deleites y modas, se convierte en un adúltero, puesto que cruza la valla del séptimo mandamiento para obtener placer de una cultura que es contraria a Dios, y al hacerlo ofende y hiere a su Dios, de modo que es culpable de deslealtad espiritual. Cuando permitimos que nuestros gustos estén condicionados a apreciar una música y un entretenimiento ligados con una filosofía de vida libertina, pecaminosa y mundana, nos estamos colocando nosotros mismos en la pendiente de un adulterio espiritual inevitable. En un instante, nos encontramos cada vez más encaprichados con cosas que la Escritura condena, y nos volvemos completamente inconsistentes con una profesión cristiana. Nuestro testimonio entonces se vuelve hipócrita y ofensivo a Dios, pues ¿cómo podemos sacar pecadores perdidos de la "Feria de las vanidades" si nosotros mismos estamos intoxicados por sus deleites? El texto que ya hemos citado debería tomarse más en serio de lo que normalmente se hace: "¿No sabéis que la amistad del mundo es enemistad contra Dios?". El adúltero (en el lenguaje de Jacobo) es una persona que desea las cosas de este mundo junto con las bendiciones espirituales. El gran mandamiento en contra de la infidelidad debe crear una línea divisoria clara que no cruzaremos; un límite que nos guarde fieles al Señor.

Las virtudes positivas opuestas al adulterio son pureza y fidelidad en la conducta sexual, en el matrimonio, en otras relaciones humanas y en asuntos espirituales, y nos esforzamos por tener estas virtudes recordando una vez más la expresión gráfica y sorprendente dada por el Espíritu al apóstol Pablo: "Que cada uno de vosotros sepa tener su propia esposa en santidad y honor" (*1 Tesalonicenses 4:4*).

8

El octavo mandamiento
"No hurtarás".

Las muchas caras del hurto

"El que hurtaba, no hurte más, sino trabaje, [...] para que tenga qué compartir con el que padece necesidad".

(Efesios 4:28)

¿HAY ALGÚN LADRÓN leyendo estas palabras? ¿Es alguien un ladrón persistente? El escritor recuerda ver un póster bastante impactante colgado en un pilar de un supermercado en una zona que tenía mala reputación por su alto índice criminal. El póster simplemente decía en letras rojas resplandecientes: "¡Llevarse cosas de una tienda sin pagar es robar!". ¿Realmente pensaba la gerencia que este hecho tan obvio necesitaba ser aclarado? Evidentemente sí, y probablemente tenía razón. Sabían que muchas personas no consideraban en absoluto que llevarse unas cuantas cosas de una firma enormemente rica fuese robar. Quizás se necesiten tácticas impactantes de este estilo incluso con cristianos que han nacido de nuevo porque, según la Escritura, el corazón de un ladrón sobrevive dentro de cada uno de nosotros. Hacemos muchas cosas que ante los ojos de Dios no son más que crímenes de hurto, y se nos tiene que recordar el alcance completo que tiene el octavo mandamiento.

Si se pusieran pósteres sobre el hurto en nuestras iglesias, uno podría decir: "¡Demasiado ocio es hurtar!". Otro podría decir: "¡No estar involucrado en el servicio cristiano es hurtar!". Se necesitarían muchos de estos pósteres para cubrir los numerosos actos de hurto inconsciente que el pueblo de Dios lleva a cabo cada día en la esfera espiritual, porque (o por lo menos de esto se quejan algunos pastores a menudo) este tipo de hurto es tan común que los cristianos no sienten que esté mal. Sin duda, entonces, si realmente queremos agradar al Señor y ser bendecidos con progreso en nuestra vida espiritual, estaremos dispuestos a identificar muchas caras del hurto y entonces mortificar todas las maneras en que hurtamos.

El mandamiento "No hurtarás" cubre una gran familia de pecados que privan de algo y defraudan. En este capítulo aplicaremos este mandamiento principalmente a creyentes. Como ya hemos dicho, es un acto de hurto de parte de los creyentes el permitirse un ocio excesivo a expensas de otros creyentes, a quienes se les niega su ayuda y compromiso con la obra en la iglesia. El Sr. y la Sra. "No comprometidos" son ladrones si dejan que otros carguen con la mayor parte de los gastos de la iglesia y que otros se encarguen de las actividades de la iglesia, mientras que gastan la mayor parte de su tiempo y dinero en ellos mismos. Puede que hablen mucho de cuánto aman las doctrinas de la gracia, y de cómo el Señor obra en ellos, pero ante los ojos de Dios son por lo menos como "pasajeros" y como ladrones en el peor de los casos. Un día, quizás a través de un castigo severo, puede que sientan el peso de la advertencia de Dios para aquellos que defraudan a otros creyentes: "El Señor es vengador de todo esto" (*1 Tesalonicenses 4:6*).

Hurtar es un pecado múltiple

Antes de que veamos en detalle las diferentes formas en las que, incluso como cristianos, podemos ser ladrones, necesitamos "recargar" nuestras mentes con una clara conciencia de cuán vil y abyecto es hurtar. El hurto en todas sus formas es particularmente bajo y desagradable porque está saturado de orgullo, engaño e hipocresía. En la esfera secular, se puede ver arrogancia en la forma en la que un ladrón deja a un lado las reglas básicas de la sociedad y se exime de las *mismas*. Los ladrones comunes, o los que perpetran fraude en el ámbito de los negocios, no querrían que se *les* hurtase nada. Como todo el mundo, quieren que la ley y el orden se mantengan en la sociedad, y se quedarían consternados si asaltaran a *sus* hijos o robaran en *sus* casas. Sin embargo, cuando estafan o hurtan se eximen a sí mismos de la ley que ellos esperan que sea mantenida para su propio confort y protección. Suspenden las reglas de la sociedad para realizar sus propias actividades, y no hay un mayor nivel de arrogancia y egoísmo que eso.

Regresando al miembro de la iglesia que no se compromete y que roba a la iglesia al negar su mayordomía y esfuerzo, esta persona se molestaría enormemente si alguna vez se viera sobrecargado por la indolencia de otros. Toda forma de hurto es arrogante, pues hace que los ofensores piensen que solamente ellos están por encima de las reglas que esperan que el resto de las personas cumplan. El Sr. y la Sra. "No comprometidos", que se guardan para sí su debida proporción de tiempo, energía y recursos, a menudo tienen un concepto muy elevado de sí mismos. Piensan que son una clase superior de personas que de alguna forma tienen derecho a tener un coche mejor, más tiempo de ocio, una casa inusualmente bonita, o el derecho de pasar muchas semanas fuera de casa en unas supervacaciones, etc. Son personas especiales, y no sienten que tengan que justificar su hurto.

Hurtar también es cruel porque al ladrón no le importan las consecuencias de su crimen sobre la persona que es despojada de algo.

Al extorsionador que pide un alquiler excesivo no le importa qué dificultades cause, y a la persona que vende un coche defectuoso no le importa el problema que ocasionará al comprador. Y lo mismo pasa con los cristianos no comprometidos en una iglesia, porque no les importa cómo su pereza espiritual abusa de las vidas de los demás. Hurtar siempre es cruel.

Hurtar a Dios
1. Hurtar compromiso

¿Qué ocurre exactamente cuando los cristianos hurtan tiempo y recursos de su iglesia? Dios pone a su pueblo en congregaciones y distribuye entre ellos dones y habilidades para el servicio cristiano. Al mismo tiempo, asigna a cada congregación una carga de trabajo que incluye ministerios evangelísticos, de enseñanza y de cuidado de las personas, enfocados tanto en adultos como en niños. Supongamos que la mitad de los miembros de alguna congregación eligiera tener solo un interés superficial en estos ministerios, y no colaboraran en absoluto. Cuando no están "superavanzando" en su carrera, pasan su tiempo en casa ocupados en varias distracciones y haciendo mejoras en su casa. Pintan más a menudo de lo necesario y se dedican a hacer que las habitaciones estén tan perfectas como sea posible. En los meses de verano dedican horas y horas a tener los jardines excepcionalmente hermosos o dedican su energía a brindar una hospitalidad constante y placentera a sus viejos amigos o a otras actividades de ocio.

Si los cristianos que están solteros se dedican a tener una comunión basada excesivamente en la diversión, y a formar grupos que salgan de aquí para allá, cenen fuera, e incluso les falte tiempo para irse de excursión en sus vacaciones, inevitablemente estarán utilizando tiempo, energía y recursos para estas actividades que son efectivamente hurtadas de creyentes que trabajan con gran esfuerzo en la misión de la iglesia. Estos últimos están tan ocupados que apenas pueden pasar tiempo en casa cuidando a sus familias, y puede que incluso los perezosos (los ladrones) critiquen el descuido de sus familias. Esta forma de hurto es sorprendentemente común en las iglesias del Occidente adinerado.

Muchas personas que profesan ser cristianas viven como si la siguiente oración les describiera muy bien: "Señor, ¡te agradezco que hayas salvado mi alma! Te agradezco que sufrieras y murieras por todos mis pecados en el Calvario. Ahora que soy cristiano y voy al Cielo, me encanta cantar alabanzas y escuchar buenos sermones. También te agradezco, Señor, por la libertad cristiana que me permite evitar cualquier compromiso significativo en el servicio cristiano y usar mi vida y utilizar mi tiempo como quiera". La realidad es que los infractores son ladrones, incluso aunque sus conciencias se hayan averiado por la aceptación generalizada de "comodidad" en Sion. Debemos anhelar que vuelva a existir el celo de los tiempos antiguos en nuestras iglesias, para la obra del evangelio, la gloria de nuestro Salvador, y también para la verdadera satisfacción, certeza y felicidad de cada creyente.

2. Hurtar los beneficios de la comunión

Otra forma de hurtar a la comunidad de creyentes ocurre cuando no contribuimos lo que debemos contribuir en las relaciones interpersonales y la amistad, ni tampoco colaboramos apoyando a otros en oración, brindando hospitalidad, dando aliento y siendo solidarios. Otra forma de hurto es un balance de débito que es causado por la frialdad, por una actitud distante, y por siempre tomar, pero nunca dar, pues todos debemos esforzarnos en promover la comunión y la ayuda a otras personas en la iglesia. Al ser cristianos tenemos una deuda y un deber de ayudar a construir relaciones y de cuidarnos los unos a los otros para la gloria de Dios. Lamentablemente, algunos creyentes están contentos beneficiándose de la comunión cristiana sin contribuir en nada, y nos tenemos que preguntar: "¿Así me comporto yo?". Quizás no me esfuerzo por ser una bendición para otros o por tener un interés en sus circunstancias y apoyarles. Muchas personas son muy amables conmigo, pero no me esfuerzo por planear actos de amabilidad hacia ellos. Quizás otras personas son muy pacientes con nosotros, soportando nuestros muchos defectos, errores y ofensas, pero si alguien nos ofende, nosotros, en cambio, nos negamos a tenerles paciencia y perdonarlos. Si pudiéramos hacer un balance donde se mostraran todos los beneficios que hemos recibido y los que nosotros hemos dado, ¿se revelaría que tenemos una gran deuda hacia las personas en la iglesia? Y si es así, ¿deseamos seguir así año tras año, recibiendo mucho, pero rara vez dando?

Quizás tomamos el ministerio (la predicación), pero despreciamos la vida de la congregación. Nos gusta estar en compañía de aquellos que siempre están alegres y son afables; aquellos que siempre miran el lado positivo y nunca dejan de alentarnos o incluso de hacernos reír; pero en lo que respecta a nosotros: ¿somos siempre pesimistas, críticos y estamos con una cara larga? ¿Tenemos también aquí un balance insatisfactorio? Y ¿tomamos los beneficios "sociales", pero no mostramos apreciación y apoyo al propósito y a los objetivos espirituales de nuestra iglesia?

Cuando uno mira hacia el pasado, se acuerda de muchas personas que han tomado una gran cantidad de "tiempo pastoral". Mencionar esto es pisar terreno peligroso porque no queremos que la gente deje de buscar consejo y ayuda siempre que la necesite; sin embargo, uno no puede dejar de recordar personas que absorbieron horas y horas de aliento y amabilidad de parte de muchos "pastores" dentro de la iglesia, y acabaron decepcionando a todo mundo. Después de todo el tiempo invertido, atención e interés, ¿cómo se vería "la hoja de balance"? Esas personas que recibieron tanta ayuda, ¿dieron algo a cambio? ¿O al final se fueron por su camino desagradecidos y siendo críticos? Algunas "hojas de balance" muestran una historia de hurtos a plena luz del día. Todos pasamos por problemas y necesitamos ayuda y apoyo de la congregación en algún momento, pero cuando el Señor nos bendice, ¿qué damos entonces a cambio de nuestra "hospitalización" espiritual"?

3. Hurtar dentro del matrimonio

Otra forma de hurto en la esfera de las relaciones ocurre en la unión única del matrimonio, que ya hemos mencionado en un capítulo anterior. Hay un pasaje muy contundente en *1 Corintios 7:3-5* donde Pablo dice:

> "El marido pague á la mujer la debida benevolencia; y asimismo la mujer al marido. La mujer no tiene potestad de su propio cuerpo, sino el marido: é igualmente tampoco el marido tiene potestad de su propio cuerpo, sino la mujer. No os defraudéis el uno al otro…" (RV 1909).

Este texto no debería limitarse al tema de las relaciones íntimas, pues la primera parte habla de la "debida benevolencia" en general. Obviamente en el matrimonio cristiano existe una deuda mutua de amor, afecto y entendimiento. ¿Honran los maridos y las mujeres sus obligaciones o se privan el uno al otro? Si no proporcionan la "debida benevolencia", Pablo lo llama *fraude*, o una violación del octavo mandamiento. Uno ha defraudado al otro negándole el amor, afecto, cuidado y atención, aliento y apoyo debidos, y quizás muchos otros deberes aparte de eso.

Algunos que profesan ser cristianos han sido una carga y también esposos poco afectuosos, hurtando la felicidad, juventud y años de la otra persona, junto con muchas esperanzas y sueños, sin dar absolutamente nada. Si no damos la "debida benevolencia", nunca es demasiado tarde para buscar la ayuda de Dios pidiendo por un nuevo capítulo de vida matrimonial aunque fuera tardío, pues el Señor es maravillosamente amable y perdonador.

4. El hurto del señorío de Dios

La gente que no es salva hurta de la mano de Dios todo el tiempo, tomando sus vidas, dones, salud, fortaleza y años, usándolo todo en sí mismos. Sin embargo, es necesario reiterar que aquellos que son conversos también pueden ser culpables de hurtar de la mano de Dios. Algunos le hurtan su *autoridad*, aferrándose a su propia determinación. Dicen que pertenecen a Jesús, que no son sus propios dueños, que han sido comprados con un precio y que Él es su Señor y Maestro, pero hurtan el derecho de determinar donde trabajarán el año próximo, qué estudiarán, qué harán con sus vidas y dónde establecerán sus hogares. También hurtan el derecho de decidir respecto a asuntos personales importantes sin consultar al Señor o la Palabra. A veces hablan de buscar guía, pero en cuanto tienen gran deseo de algo, simplemente lo hacen o lo compran. Algunos van de un lado para otro muy deprisa guiados completamente por impulsos y caprichos. ¿Hurtamos el gobierno de nuestras vidas al Dios Todopoderoso? O ¿buscamos sinceramente encontrar su voluntad en todos los aspectos y cambios importantes de la vida?*

Hemos sabido de matrimonios creyentes de mediana edad con hijos adolescentes mayores, cuyo propósito principal al apoyar una iglesia en concreto era poner a sus hijos en un ambiente a salvo (y de buena clase) donde, con suerte, se pudieran casar con alguien "aceptable". Tales padres, parece ser, han dejado iglesias en áreas pobres, sin grandes grupos de adolescentes del tipo "adecuado", con el fin de asistir a iglesias en mejores lugares y "mejores dotadas". Hemos sabido de personas en sus cuarenta y cincuenta que han estado dispuestas a echar por la borda todo lo que decían eran sus convicciones doctrinales para apoyar el tipo de iglesia que previamente hubieran criticado fuertemente, con el fin de conseguir un refugio material seguro para sus hijos. Iglesias misioneras en zonas urbanas pobres se ven a menudo despojadas de tales creyentes que quieren una iglesia más cómoda para ellos y más "adecuada" para sus hijos. Pero ¿no muestra esto una falta de espiritualidad y fe? ¿Muestra esto amor por la verdad, celo por el

---

* Véase *Steps for Guidance* (Pasos para una guía bíblica), Peter Masters, Wakeman Trust, Londres.

evangelismo y dedicación a Dios o muestra creyentes preocupados únicamente por tener lo que quieren?

5. Hurto de las bendiciones de la salvación

¿Cuántos cristianos "hurtan" incluso sus bendiciones espirituales? Los judíos hicieron esto en los días del Antiguo Testamento, y esa fue una de las razones por las que finalmente Dios los rechazó. Su crimen fue que consideraban que sus bendiciones eran su propiedad exclusiva. Se suponía que tenían que representar el mensaje de la Palabra de Dios ante el mundo, pero ellos tomaron la postura de que el mensaje y el Templo de Dios eran exclusivamente para ellos, pues eran la nación de Dios, y los gentiles eran meros perros sin ninguna esperanza. Como cristianos no hemos sido salvos solamente para escuchar la Palabra y que nuestras almas estén encantadas. Tenemos que desafiarnos nosotros mismos con varias preguntas. ¿He sido bendecido por el Señor solo para mi beneficio? ¿Me guardo esto para mí o lo paso a otros? ¿Soy un creyente que testifica? ¿Doy literatura o algún CD evangelístico? ¿Invito a los perdidos a los cultos? ¿Enseño a los niños en la escuela dominical y visito hogares para traer a otros niños? ¿O soy como esos judíos de antaño que decían: "Todo esto es para nosotros"?

Ser egoísta en estos asuntos es una forma de hurtar porque Dios nos ha dejado muy claro que tenemos que ser mayordomos de los beneficios y distribuirlos. ¿El egoísmo, la pereza, la cobardía o la falta de amor nos han llevado a hurtar de la mano de Dios? ¿Cuántos creyentes que nunca soñarían con llevarse nada de una tienda o allanar una morada, hurtan las cosas más valiosas del Señor quedándoselas para sí mismos? ¿No es esto hurtar para uno mismo el tesoro más grande de compasión en la historia del mundo?

6. Hurto de nuestras propias posesiones

También hurtamos si consideramos que nuestras bendiciones *materiales* son nuestra mismísima propiedad. Otro gran pecado de los judíos era su actitud hacia su tierra, y esto debería sernos de advertencia en la actualidad. Dios les dio una gran región para que fuera su país, y lo ocuparon, pero el Señor expresamente les había dicho que toda la tierra era de Él (Éxodo 19:5). Les enseñó que eran más bien los que custodiaban la tierra y no los dueños, y que no tenían el derecho de vender ninguna parte de la misma permanentemente, solo alquilarla a corto plazo, de forma que, al final de cuentas, volviera al que la custodiaba en primer lugar. *Levítico 25:23* narra este mandato: "La tierra no se venderá a perpetuidad, porque la tierra mía es; pues vosotros forasteros y extranjeros sois para conmigo".

Eran inquilinos; ocupantes; visitantes; huéspedes, pero no dueños, pues solo Dios es el titular de pleno dominio. Los judíos que eran verdaderamente espirituales —la minoría que había nacido de nuevo de la comunidad del Antiguo Testamento— entendían esto muy bien. En *1 Crónicas*, leemos una oración maravillosa de David que dice al Señor: "Porque nosotros, extranjeros y advenedizos *[inquilinos]* somos delante de ti, como todos nuestros padres; y nuestros días sobre la tierra, cual sombra que no dura".

David expresa la misma idea en el *Salmo 39*: "Porque forastero soy para ti, y advenedizo". Sin embargo, en general, los judíos consideraban la tierra como su propiedad, y así es hasta el día de hoy. Los judíos verdaderamente convertidos e iluminados sabían que la promesa de Dios de una tierra hacía referencia, en última instancia, a la posesión futura de una tierra glorificada en el reino eterno.

La aplicación para nosotros hoy en día es que todo lo que poseemos realmente pertenece a Dios, y solo somos mayordomos y guardianes. En cierto sentido un verdadero cristiano no posee nada, pues ha dicho a Dios: "No me pertenezco; he sido comprado con un precio". Uno de los peores errores que podemos cometer es enorgullecernos y decir: "¡Esta es mi casa! ¡Este es mi coche!". Los creyentes nunca deberían permitirse sentimientos gratificantes por poseer cosas, gozándose por poseer algo, y disfrutar el hecho de poseer cosas. Obtener cualquier satisfacción o sentimiento de logro al permitir que surjan en nosotros sentimientos de propiedad es una influencia muy dañina para el alma, pues estropea la verdadera consagración y la mayordomía, y hace que "hurtemos" al Señor.

El único estándar aceptable para los creyentes es reconocer ante Dios que solo somos guardianes y mayordomos, y comprometernos a una "administración" fiel de todas nuestras posesiones. Al decir esto estamos empezando a entrar en el territorio del décimo mandamiento, pero nuestro propósito solo es mostrar que todas nuestras posesiones deben estar a disposición de Dios en todo momento. Tenemos que ser hospitalarios y prestar nuestros recursos dentro de la familia de la fe. Tenemos que estar dispuestos a vender cosas, si fuese necesario, quizás para recaudar fondos para un objetivo espiritual importante o porque algo que poseemos es un mal ejemplo o una ofensa a otros. Ser celosamente posesivo es hurtar al Señor nuestro Redentor. Debemos decir a Dios:

Tómame, y seré siempre,
solamente y completamente para Ti.

Hurto literal a manos de creyentes

¿Y qué decir del hurto literal? ¿Son los creyentes culpables de esto? En *Efesios 4:28* Pablo da una exhortación bastante sorprendente cuando dice a los miembros de la iglesia: "El que hurtaba, no hurte más". Quizás el apóstol no tiene en mente al que fue una vez ladrón "profesional" que en su momento fue convertido, sino al gorrón activo entre el pueblo del Señor. En aquellos días muchos esclavos eran convertidos y quizás algunos de ellos sentían que tenían el derecho a hurtar. Nos solidarizamos con aquellos que pertenecían a otras personas y sabían lo que significaba que abusaran y que se aprovecharan de ellos. Casi no recibían nada de salario, y a menudo no recibían nada en absoluto, y pensaban que los hurtos pequeños era casi su mínimo derecho. Pero una vez que se convertían, tenían que resistir firmemente cualquier tentación de hurtar, sin importar cuanto se aprovecharan sus dueños de ellos.

Bien puede ser que hoy en día tengamos en nuestras congregaciones a aquellos que roban o cometen fraude incluso aunque no exista ni siquiera la excusa marginal de ser esclavos oprimidos. Recuerdo el caso de un exitoso hombre de negocios que estaba secretamente orgulloso de la forma en que podía "adornar" cosas para que parecieran mejor de lo que eran y las vendía mucho más caras de lo que realmente valían, y aún así era un creyente respetado. Cuando la gente ha cometido fraude de manera habitual antes de su conversión, a veces vuelven a caer en lo mismo.

También me acuerdo de un cristiano que era vendedor que había estafado a su compañía durante años haciendo solicitudes de reembolso de gastos exagerados. Parece ser que todo el mundo en la oficina lo hacía y se habría visto mal que no hiciera solicitudes similares a las de sus colegas. Un día el Espíritu de Dios tocó su corazón y tuvo una profunda convicción de su pecaminosidad durante todos esos años. Puede que haya muchos otros cristianos que cobran de más y manipulan los libros, pero Dios lo prohíbe absolutamente.

¿Cuál es la virtud positiva opuesta? Tenemos que ser personas *dadivosas* como Pablo dice en *Efesios 4:28*: "El que hurtaba, no hurte más, sino trabaje, [...] para que tenga qué compartir con el que padece necesidad" y para la obra del Señor. ¿Hurtamos a Dios? ¿Pulimos y pintamos, y también embellecemos las cosas que decimos que son nuestras o nos deleitamos en ellas? ¿Somos "ladrones" y esperamos que nadie, ni siquiera el Señor, se dé cuenta? Que nuestra filosofía sea dar todo al Señor. Digamos: "Todo lo que tengo es de Cristo y soy un inquilino aquí en la tierra, un mayordomo. Nada de lo que tengo es mío".

Cuando leamos el octavo mandamiento, veamos en él los tonos suplicantes y tiernos del Señor que amamos, hablando de la misma manera que cuando le dijo a Pedro: "¿Me amas?". Que escuchemos la voz de nuestro Salvador en estas palabras: "¡No hurtarás!" de forma que parece que dijera: "¿Hurtarías de mi mano?". ¿Cómo podríamos hurtarle, en la forma que sea, a nuestro amigo celestial tan amado? También oigamos en estas palabras la exhortación positiva opuesta que fluye directamente del carácter de Dios, el Dador eterno: "Serás un gran dador y alguien que socorra, dando el evangelio, tu amor, tus oraciones intercesoras, incluso dándote a ti mismo y lo que tienes, a la causa de Cristo".

9

El noveno mandamiento
"No hablarás contra tu projimo falso testimonio".

Una familia de mentiras

"No mintáis los unos a los otros, habiéndoos despojado del viejo hombre con sus hechos, y revestido del nuevo...".
(Colosenses 3:9-10)

PABLO HABLÓ A TITO acerca de "Dios, que no miente", un enunciado tan magnificente como simple. Dios no es un espejismo o un producto de la ficción humana, ni tampoco cambia con el tiempo o adapta su ser a circunstancias cambiantes. Todos sus enunciados son perfectos y verdaderos, pues Dios es Verdad en todos los sentidos de la palabra. Los hombres y las mujeres, por el contrario, nunca son lo que parecen. La actitud externa de cada uno esconde una multitud de debilidades y tendencias pecaminosas, pero el Señor es todo lo que la Biblia dice que Él es.

Dios también es veraz en el sentido de que nunca se equivoca. A veces nuestros enunciados son erróneos, no porque estemos mintiendo, sino porque somos ignorantes de los hechos, pero Dios nunca puede equivocarse porque su conocimiento y sabiduría infinitos complementan su veracidad. Es un gran consuelo recordar que las promesas de Dios están cimentadas en esta combinación de atributos divinos. Si bien nuestros proyectos están sujetos a acontecimientos futuros y desconocidos, los de Dios están hechos a la luz de su conocimiento perfecto y nunca fallarán.

Otra idea enormemente reconfortante acerca de la veracidad de Dios es que esta representa todos los "aspectos" de su ser infinito. Cuando Dios dice algo, eso es realmente lo que quiere decir. No hace declaraciones fría e imparcialmente como un académico o un político que quizás no sientan lo que dicen. Las palabras de Dios nacen de todo su ser infinito. A menudo decimos cosas que son verdad, pero nuestros corazones no están en lo que decimos. Podemos, por ejemplo, invitar de una forma imprecisa a alguien a que nos visite, cuando solo lo deseamos en parte, pues quizás estamos cansados o sin mucho tiempo y, en realidad, nos quitaría un peso de encima si la persona no pudiera venir. Somos razonablemente sinceros, pero no completamente genuinos en lo que decimos. Pero cuando Dios hace su llamado eficaz a almas perdidas, es sincero y pone todo su poderoso corazón de amor.

Hace muchos años dos figuras políticas destacadas del mismo partido estaban en desacuerdo, y uno dijo al otro que era una "máquina calculadora disecada". Las palabras fueron dichas mordazmente, pero reconocían que la persona insultada era un economista brillante. La queja era que esa persona carecía de compasión, sentimientos o corazón, algo que nunca se podría decir acerca de nuestro Dios Todopoderoso. La salvación que Dios diseñó no es una simple solución técnica al problema del pecado, sino que es una expresión de su gran amor hacia los elegidos. Cuando Dios, en Cristo, nos manda que acudamos a Él, lo hace con una compasión profunda y una ternura incomprensible, siendo veraz con todo su poderoso ser.

Conforme estudiamos y consideramos el noveno mandamiento

debemos comenzar por reconocer la integridad infinita de nuestro Dios, quien odia toda falsedad y quien ama la verdad. Como creyentes hemos sido lavados de todo engaño pasado y hemos sido adoptados en la familia de veracidad y autenticidad. Nuestro llamado es tener la verdad en muy alta estima y dedicarnos a la labor de desarrollar y mantener un espíritu veraz en cada aspecto de la vida.

Algo más que difamación

Un lector casual podría pensar que este noveno mandamiento hace referencia solamente a difamar a alguien, pero un breve vistazo al significado de las palabras en seguida nos muestra un sentido mucho más amplio. La palabra hebrea traducida como *hablar* significa: *fijar la mirada, considerar, prestar atención, escuchar*. También puede significar *dar* o *comunicar*. El mandamiento no solo prohíbe escuchar (a sabiendas), y expresar falso testimonio, sino que también prohíbe tener algo que ver con el falso testimonio. Lo podemos parafrasear de esta manera: "No inventarás falso testimonio o le prestarás atención o pensarás acerca del mismo o lo transmitirás". No debemos ni dar ni recibir falso testimonio.

Expresándolo de otro modo, el mandamiento dice: "No llevarás falso testimonio ni en tu cabeza, ni en tu corazón, ni en tus labios". Es una infracción de este mandamiento incluso el alimentar la mente de uno con ideas exageradas o imaginadas acerca de las faltas de otra persona, porque entonces estaríamos *hablando* (llevando o considerando) falso testimonio incluso aunque estos pensamientos difamatorios nunca salgan de nuestros labios mediante el chismorreo.

¿Qué es exactamente el "falso testimonio"? Es una versión deshonesta de los acontecimientos o cualquier enunciado falso. Puede ser un chisme o una calumnia sobre alguien, o algo falso sobre uno mismo para impresionar a otros. Incluye inventar excusas falsas o exageradas para salir de un problema o para no ser desacreditado. Incluso un halago irreal es una mentira además de ser dañino porque le da a la persona una idea falsa de sí misma que posiblemente ocasionará orgullo. A menudo los padres han arruinado a sus hijos por una adulación sin fundamento.

Las diferentes traducciones al español desde luego sugieren que la mentira debe ser "*contra* tu prójimo", pero la palabra hebrea traducida "*contra*" es muy elástica y significa igualmente: "con o tocando a tu prójimo".

Los escritores de antaño hicieron total justicia al amplio alcance de este mandamiento como vemos de parte de Matthew Henry, quien escribió: "El noveno mandamiento tiene que ver con nuestro buen nombre y el del prójimo. Prohíbe (1) hablar falsamente de cualquier cosa, mentir, hablar equivocadamente y planear o pretender engañar en cualquier forma a nuestro prójimo, (2) hablar injustamente contra nuestro prójimo, y (3) dar falso testimonio contra él o calumniar, murmurar y andar con chismes; tergiversar lo que se ha hecho, exagerar, y pretender de cualquier forma mejorar nuestra reputación degradando la fama del prójimo".

Los aspectos feos y dañinos de la mentira

El primer aspecto alarmante de una mentira para un creyente es que el Dios Santo de quien dependemos para todo nuestro bienestar y seguridad apartará su rostro y su sonrisa misericordiosa del mentiroso, pues el Espíritu Santo habrá sido agraviado (conforme a las advertencias de *Efesios 4:29-30*). ¡Qué cosa más insensata es el apartarnos nosotros mismos de la bendición de Dios por una mentira!

El segundo aspecto alarmante de una mentira es que se traiciona la confianza humana. Se traiciona a la persona a quien se dice la mentira, pues esa persona ha extendido al mentiroso el cumplido de confiar en él, creerle y respetarle, escuchándole como una persona de la que es posible fiarse, y esa confianza ha sido desdeñada. El enunciado deshonesto es un insulto y un acto hostil. Es este aspecto de la mentira el que Pablo tiene en mente cuando dice: "Por lo cual, desechando la mentira, hablad verdad cada uno con su prójimo; porque somos miembros los unos de los otros" (*Efesios 4:25*).

El tercer aspecto alarmante de la mentira es que el que miente es enormemente perjudicado por la misma. El adulterio debilita al pecador, y lo mismo hace la mentira. No podemos imaginar cuánto nos debilitamos nosotros mismos cuando mentimos. Al igual que unas olas gigantes podrían golpear un bote endeble, rompiendo los mástiles y finalmente haciéndolo zozobrar, así cada mentira representa un golpe devastador al carácter de la persona; entonces se hace más difícil resistir la siguiente mentira, y pronto la conciencia es apaleada hasta que queda insensible y la integridad personal se daña tanto que la mentira se vuelve parte de la forma de ser del ofensor. Desde luego Cristo mira esto y dice: "Ese hijo mío ya no se esfuerza en contra del pecado; ¡es un mentiroso habitual! ¡Ese amado por el que sufrí y morí, ese embajador que me representa en el mundo, se ha convertido en un mentiroso compulsivo, caído y sin esperanza!

Otro aspecto alarmante de la mentira es el hecho de que cada mentira es un pecado múltiple y genera otros pecados. Normalmente hay un motivo pecaminoso detrás de la mentira, y caer en ella da rienda suelta al pecado que hay detrás de la misma. El orgullo y la arrogancia, por ejemplo, están detrás de las mentiras jactanciosas; el orgullo y la cobardía están detrás de las excusas deshonestas; y el odio, la malicia o los celos detrás de chismes rencorosos. Las ofensas que la mentira ocasiona incluyen hipocresía porque el mentiroso intenta seguir aparentando que es un cristiano que está caminando con el Señor y recibiendo su bendición.

La campaña del diablo

El diablo, quien es el padre de toda mentira, siempre está intentando volver a esclavizar creyentes en la costumbre de mentir, y a menudo comienza su campaña con mentiras "menores" como las exageraciones. Puede que ponga gran presión sobre nosotros para que exageremos con tal de que nos acostumbremos a decir cosas que no son totalmente verdad, y obtiene una doble victoria si nos puede llevar al punto en el que disfrutamos cuando contamos las cosas de manera exagerada o muy adornada. Algunas personas mienten y exageran para alardear y llamar la atención. Otros mienten para ganar discusiones o para conseguir favores. A veces la gente critica a otros con el fin de parecer mejores que ellos. Si la conciencia nos arde demasiado al decir crueles mentiras sobre otros, entonces Satanás nos introducirá en esta práctica de una forma más discreta, quizás intentando primero que repitamos los comentarios chismosos de otros. Puede ser que con el tiempo no nos preocupe tanto originar nuestros propios chismes.

Otra manera sutil de introducir la práctica de mentir son las excusas defensivas o las llamadas "mentiras piadosas". Esto es solo una mentirita muy pequeña que se dice por una buena causa, nos insinúa Satanás. Pero el inventarse excusas es uno de los modos más efectivos que tiene Satanás para minar la integridad cristiana. Supongamos que un creyente ha hecho algo muy insensato, o no ha hecho algo importante, y como las consecuencias serán embarazosas, se excusa y tuerce la verdad. Sus palabras son una mentira y también su postura y actitud "honesta" y su expresión facial sincera. Se ha convertido en un actor y como tal, quizás tenderá a creer el papel que está interpretando. Tal vez incluso se sienta agraviado de que lo hayan cuestionado y si bien en su interior sabe que la excusa es falsa, se siente completamente justificado al defenderse. La persona que persistentemente inventa excusas se vuelve casi inconsciente de que se encuentra en las garras de una neurosis defensiva y cobarde a medida que su conciencia deja de funcionar y otro mentiroso sin esperanza contrista y aleja de sí mismo al Espíritu de Dios.

A veces el diablo introduce al cristiano en la práctica de mentir regularmente, alentando primero un espíritu relajado y poco serio con muchas aseveraciones "superficiales", si fuera posible sobre cosas espirituales. "¡El Señor hizo esto por mí!, dice la persona. "El Señor me envió el autobús"; "el Señor me dijo que no fuera". Una cosa es estar agradecido a Dios por sus provisiones en la vida diaria, y otra es la insensata costumbre de atribuir los acontecimientos menores a una intervención directa y especial de Dios, cuando no tenemos evidencia de ello. Después de todo, Dios ha determinado que su pueblo pruebe su fidelidad experimentando tanto los apuros como los beneficios que son comunes a la sociedad. Desde luego que el Señor interviene en nuestras vidas de una forma especial, en respuesta a nuestras oraciones, pero algunos cristianos afirman tales cosas muy a menudo. ¿Se "deslizan" grandes afirmaciones de las intervenciones de Dios de nuestros labios fácilmente, sin importar cuán irrazonables sean? Un hablar poco serio o simplista acerca de los tratos del Señor para con nosotros es un curso de aprendizaje de deshonestidad y es una forma sutil de mentira. Recuerde que Satanás siempre está intentando persuadirnos a que juguemos con la verdad; a que seamos indiferentes a si algo *realmente* ocurrió o no de la forma en la que la hemos descrito. Estamos siendo preparados como el ganado para el matadero, y pronto seguirán mentiras incluso mayores.

Desde luego, de todo lo que acabamos de decir no querríamos prohibir un discurso colorido. Existe una diferencia entre la persona que está dotada para dar una descripción vívida de algo y la persona que está exagerando los hechos gravemente. Hay personas cuyas descripciones son vívidas y agradables, mostrando cosas que el resto de nosotros no vemos fácilmente, pero sin ninguna distorsión deshonesta de los hechos. Resaltan ciertos aspectos de situaciones, quizás hasta puntos divertidos, que no se les ocurre a todo el mundo. Lo que deberíamos evitar es la exageración que distorsiona la verdad añadiendo o alterando los hechos, ya sea para engañar o como humor barato.

Falta de fiabilidad y fingimiento

Otra forma sutil de deshonestidad que opera fuera del alcance del radar de la conciencia, pero que sin duda Satanás alienta para minar la integridad del creyente, es la *falta de fiabilidad*. Esto ocurre en todas las áreas de la vida y también en la iglesia. Quizás se le pregunte a alguien: ¿Ayudarías a hacer algo para el Señor? ¿Quieres participar en un grupo de trabajo?

"Oh, sí" —responde la persona— "apúntame; sí vendré". Pero esta persona no aparece. De hecho, puede ser el caso que a lo largo de los años esta persona rara vez aparezca. Existe solo una línea divisoria muy fina entre la falta de fiabilidad y la deshonestidad. Las personas que dicen que harán algo cuando no tienen ninguna intención de asegurarse de que lo harán, no están siendo sinceras en absoluto. Puede que no se consideren mentirosos, pero han desarrollado la costumbre de no asumir responsabilidad de sus promesas y compromisos.

El "diezmo" que se niega es una forma de robar a la obra del Señor, y eso también es una mentira silenciosa. De hecho, es una mentira contra el Espíritu Santo, como sabemos del caso de Ananías y Safira. Cuando podemos permitirnos dar nuestra ofrenda y no la damos, mentimos a otros cristianos, porque queremos que se piense que somos creyentes dedicados y fieles a nuestros deberes cristianos. Al no dar nuestras ofrendas tenemos un oscuro secreto que no nos gustaría que se supiese, pero realmente estamos engañando.

Hemos mencionado antes que las mentiras siguen siendo mentiras aunque no se expresen. El escritor recuerda a un joven (hace mucho tiempo ya) que lanzó un conjunto de acusaciones deshonestas en contra de otros en su iglesia y, sin embargo, durante los meses anteriores a ello no tenía más que radiantes sonrisas hacia sus víctimas. Aunque no hubiera dicho nada, su comportamiento era una forma extrema de engaño, y este tipo de mentira no expresada se ve frecuentemente en los saludos cordiales de personas que necesitan reconciliarse. Esto es la obra de Satanás.

Qué terrible es tener "cauterizada la conciencia" como resultado de la "hipocresía" de ser mentiroso (*1 Timoteo 4:2*). Probablemente la gente a la que Pablo se refería eran hipócritas inconversos, pero sus palabras son una advertencia solemne para todos nosotros. En ese estado la conciencia ya no habla cuando algún alarde falso, alguna exageración, invención o excusa deshonesta sale de nuestros labios. Este autor conoció una vez a un hombre cuyo porte parecía respirar integridad. Cualquiera que lo conociera habría presupuesto que era un caballero excelente, a la antigua, en el mejor sentido de la expresión, pero la realidad era que nunca se podía saber qué cosa sutil y maliciosa este hombre iba a hacer después. Aunque era deshonesto, su comportamiento comedido y amable le había convencido de que era un modelo de integridad. Si se le cuestionaba alguna actividad turbia, siempre tenía algún tipo de justificación. A pesar de su porte, estaba a la merced del poder de la mentira.

¿Somos personas engañosas? ¿Mostramos cordialidad o entusiasmo de una forma efusiva y fingida que no concuerda sinceramente con lo que pensamos o sentimos? ¿Somos farsantes? ¿Nos damos aires de grandeza o damos una impresión de nosotros mismos que es falsa? ¿Somos genuinos en nuestros motivos y acciones? ¿Son nuestros planes verdaderamente honestos?

Mantengamos nuestras promesas y evitemos como a una plaga la artería, el disimular e inventar excusas, recordando siempre que el Señor aborrece una lengua mentirosa. ¿Queremos saber el secreto para poder estar cerca de Dios en nuestras devociones? ¿Queremos tener conciencia de la presencia del Señor? Comencemos eliminando toda mentira y buscando veracidad y sinceridad en el corazón y la mente. Solo un corazón así es un hogar adecuado para el Espíritu de verdad.

Mentiras en la obra del Señor

No trataremos aquí con las increíbles mentiras y exageraciones que caracterizan grandes partes de la comunidad carismática, porque incluso en iglesias donde se desea y se valora la veracidad, tarde o temprano el maligno tentará a mentir. Por ejemplo, está la forma de deshonestidad que Satanás explotó mucho para producir el colapso de iglesias evangélicas en las denominaciones históricas en el siglo XX. Es el síndrome de hacer creer a la gente lo que no es o de encubrir algo. Cuando el escritor era un adolescente y hacía poco que había sido salvo, estuvo durante un tiempo en una iglesia bíblica que se encontraba en tal denominación. La actitud de esta iglesia hacia la denominación era la de hacer creer lo que no era. En los anuncios, el secretario de la iglesia alentaba a los miembros a que asistieran a algunas reuniones relacionadas con "nuestra amada denominación", y siempre se daba la impresión de que la denominación reflejaba perfectamente las ideas bíblicas de la congregación. El pastor hablaba de la misma forma, cuando la realidad era que la iglesia era una de una minoría de congregaciones evangélicas en un mar de iglesias liberales. Los líderes de la iglesia querían sentirse parte de su denominación, y entonces pensaban que la denominación era de color de rosa, ocultando en realidad a los miembros la escandalosa apostasía de ese organismo. El pastor y los oficiales se enorgullecían de que estaban actuando en amor hacia otras iglesias, pero a los ojos de Dios se estaba llevando a cabo una forma de engaño.

Vemos una actitud similar en las "revistas internas" que grandes firmas publican. Normalmente te dicen lo que es bueno de la compañía, y nunca lo malo. Al leer la revista uno pensaría que está en la compañía más maravillosa del mundo, y no es sorprendente, pues quien la ha producido es el departamento de relaciones públicas. Desafortunadamente, el mismo tipo de revista erróneamente aparece en círculos eclesiásticos. Un grupo de iglesias, quizás buenas iglesias en general, deciden comenzar una publicación periódica, un órgano oficial para su grupo, informando primero acerca de lo que ocurre en una iglesia, luego en otra, y enfatizando las cosas maravillosas que se llevan a cabo y se logran. Todo es perfecto y nunca hay nada malo. Cuando, lamentablemente, un problema grave o un error surge en el grupo, la revista no mencionará nada, pues cualquier comentario sería negativo y posiblemente produciría división.

El lema de la revista siempre es: "¡Trabajemos juntos! ¡Trabajemos juntos!" —y nunca reconozcamos que algo está mal. Pero esto es en realidad el pecado de hablar falso testimonio, y de clamar "'Paz, paz', ¡pero no hay paz!" (*Jeremías 6:14*). Eso lastima al pueblo de Dios al tratar las heridas de las iglesias como si no fuesen graves, y también es evitar cualquier ministerio de advertencia. Es deshonesto convencer a la gente de que no es necesario que haya reflexión, análisis, arrepentimiento o reparación; pero esta es la debilidad de muchas agrupaciones o asociaciones incluso entre iglesias fundamentalmente sanas.

Los pastores y oficiales de iglesia no son inmunes al veneno paulatino de la deshonestidad, especialmente conforme la necesidad de diplomacia y discreción en su obra lleva muy fácilmente a usar verdades a medias y encubrimiento. Sin embargo, las personas tienen el derecho de saber al respecto de ciertos asuntos. En el día final, cuando todas las cosas ocultas se sepan, puede que se revele que muchas iglesias perdieron su bendición y utilidad porque se ofendió al Espíritu de Dios por tener un comportamiento turbio. A un nivel individual, ¿presenta el predicador anécdotas como si fueran verdaderas cuando realmente no han ocurrido? Los hombres que hacen esto minan tontamente su integridad y pronto mentirán sobre cualquier cosa.

La hipocresía ha sido definida como si "la maldad mostrase respeto a la justicia", y no solo eso, porque implica un fingimiento deshonesto, lo que lo hace una mentira. Hace años había un predicador muy respetado entre las iglesias de su condado, pero que dejaba perpleja a su propia congregación porque, cuando llamaban a su casa, a lo largo de los años, se le escuchaba gritando a su esposa. Parece ser que no hacía mucho intento por controlar su mal carácter, pero serenamente continuaba con su ministerio de predicación como si la unción de Dios nunca se le fuese a negar. Su pecado desenfrenado y oculto (según él pensaba) hizo de él un hipócrita y un mentiroso. ¿Mostrará el día final que la falta de fruto espiritual en muchas iglesias se debió, no a la frialdad del vecindario o a cualquier otra razón que se oye a menudo, sino a una falta de integridad en alguna parte del liderazgo de la iglesia? ¿Cuántos pecados como del tipo de Acán serán revelados en el día final?

Todos los problemas en la iglesia implican falso testimonio en algún momento. A veces buenas personas caen gradualmente en un estado de disensión porque subestiman el poder de la deshonestidad. Están absolutamente convencidos respecto a algo, y puede que estén en lo cierto, pero en lugar de dirigir el problema hacia donde corresponde, se resienten y murmuran a escondidas. Mientras tanto continúan comportándose hacia los líderes de la iglesia como si estuvieran perfectamente de acuerdo en todo. Pronto les es difícil presentar la queja en el espíritu adecuado o confiar que alguien pueda darles una solución. Poco a poco aparecen la amargura y el resentimiento y pasan a quejarse más abiertamente acerca de casi todo.

Al hablar de esta lista de problemas, no queremos dar la impresión de que esto es típico de las iglesias evangélicas, pues el testimonio de este escritor es que los creyentes son las mejores personas que este mundo oscuro pueda tener, y constantemente se siente impulsado a admirar el espíritu piadoso y de gracia de muchísimos de ellos. Sus vidas muestran la bondad y el poder del Señor y no hay nada en el mundo de los incrédulos con que se les pueda comparar.

¿Pero cuánto tarda el diablo en transformar a un cristiano bienintencionado en un mentiroso injurioso? Solo nos podemos exhortar a que huyamos de toda forma de hipocresía y engaño.

Debemos tener temor de quedar atrapados por tales cosas, y debemos valorar el espíritu de veracidad y aferrarnos al mismo. Si le dejamos, el diablo puede transformarnos muy fácilmente en personas que en un minuto sonríen de un modo encantador, y son hostiles y rencorosos al siguiente. ¡Qué decepcionante es tener cristianos en una iglesia y no poder estar seguros cuál es su verdadero corazón! Debemos ser personas genuinas pues "la sabiduría que es de lo alto es primeramente pura, después pacífica, amable, benigna, llena de misericordia y de buenos frutos, sin incertidumbre ni hipocresía" (*Santiago 3:17*).

La derrota de la mentira

Dios valora mucho la veracidad y es algo tan vital para nuestro bien espiritual que nunca podemos relajarnos en la campaña contra una lengua mentirosa. Conforme oramos, el Espíritu de Dios activará nuestra conciencia, haciéndola muy sensible ante cualquier mentira que quiera surgir, y nos encontraremos alertas y preparados para las invenciones "de la carne". En el caso de que nuestro corazón caído, o Satanás, proponga una mentira, tan pronto como la naturaleza pecaminosa remanente comience a entretenerlo, entonces la conciencia nos incomodará y probaremos cuán verdaderas son las palabras de Pablo: "Porque el deseo de la carne es contra el Espíritu, y el del Espíritu es contra la carne; y estos se oponen entre sí, para que no hagáis lo que quisiereis" (*Gálatas 5:17*). El momento de parar la mentira y de orar pidiendo poder sobre la lengua es cuando la conciencia nos remuerde, y si esto se hace, entonces el Espíritu Santo ayuda, se vence la tentación a pecar y se cumple la promesa implícita de *Gálatas 5:16*: "Andad por el Espíritu, y no cumpliréis el deseo de la carne" (LBLA).

Y, sin embargo, si decimos la mentira (o participamos escuchando un chisme mentiroso), entonces estamos pecando en contra de la obra del Espíritu de Dios que nos alerta y disuade por medio de la conciencia, insultando no solo el estándar sino también la ayuda de Dios, y si lo hacemos repetidamente, no debería sorprendernos que el Espíritu fuese contristado y alejado, y la conciencia quedase inactiva. Cuando un creyente se da cuenta de que ha mentido solo después de que lo ha hecho, eso es una señal de que la voz de la conciencia ha sido pisoteada demasiado a menudo y ya no está dando una advertencia con antelación. El salmista dice: "Si oyereis hoy su voz, no endurezcáis vuestros corazones". Siempre debemos orar por conciencias sensibles, y cuando Dios el Espíritu Santo responda nuestro clamor, debemos atesorar y valorar su regalo, tomando en cuenta cada advertencia y cooperando completamente. Esta es la única forma en la que podemos cumplir el mandamiento: "No hablarás contra tu prójimo falso testimonio".

10

El décimo mandamiento
"No codiciarás".

El enemigo del corazón

> *"Sean vuestras costumbres sin avaricia,
> contentos con lo que tenéis ahora; porque él dijo:
> No te desampararé, ni te dejaré".*
>
> *(Hebreos 13:5)*

¡CÓMO NOS ANALIZA la Palabra de Dios! No hay ninguna obra en la literatura secular que deje tanto al descubierto los profundos defectos del corazón y que identifique el origen de los pecados "raíz" de la condición humana. Ya hemos señalado que estos mandamientos deben ser expresados en términos negativos debido a que somos una raza en rebeldía en contra de Dios, por lo que deben establecer la base de todo juicio de Dios y fomentar que veamos nuestra necesidad de la gracia. Sin embargo, también debemos buscar las virtudes positivas opuestas, que en el caso del décimo mandamiento son el contentamiento, la sensatez, la modestia y el autocontrol. Viéndolo desde otra perspectiva, la codicia es un deseo ardiente por tener beneficios *personales* y *terrenales*, por lo que la cualidad opuesta es cultivar un corazón ocupado en los intereses del Señor y las necesidades de otros.

Codiciar es anhelar cosas fijando nuestro corazón en ellas. La mente humana está llena de sueños, planes y fantasías, los cuales son los "puntos de apoyo" de los que la gente depende para ser felices y para poder continuar en la vida. Si no pueden fijar sus mentes en cosas deseables se deprimen y se desmotivan. La codicia es el impulso primario de la vida de nuestra raza rebelde. El décimo mandamiento cubre tanto el empeño de conseguir un objeto deseado como la forma más débil de la codicia, que es la envidia y los celos de aquellos que tienen más cosas y mejores circunstancias en la vida".*

Codiciar es el acto de enfocar la mente en cosas tales como propiedades, posesiones, éxito, estima, estatus, fama, popularidad, posición social, y apariencia personal, o en objetivos expresamente prohibidos como "la mujer de tu prójimo". Las primeras cosas mencionadas no están moralmente prohibidas, pero la codicia hace que el corazón se dedique a soñar y a planear conseguir las cosas que pertenecen a esta vida, a este mundo actual y también a depender de ellas para obtener algo de felicidad y satisfacción. Todo esto ofende profundamente al Señor que nos ha creado para ser la más alta de sus criaturas, y quien nos dio el poder de conocerle. Al ser codiciosos, Dios nos ve rebajándonos para tener satisfacción en el ámbito material; teniendo hambre y sed solo por cosas que exclusivamente tienen que ver con el cuerpo: dinero, ropa, una casa mejor, un coche lujoso, un trabajo prestigioso, cosas caras, y muchas otras cosas más. En cuanto al Señor, realmente lo consideramos como la segunda fuente de satisfacción y

---

* En el Nuevo Testamento varias palabras griegas describen el pecado de la codicia que significan: enfocar el corazón apasionadamente en algún objetivo, o querer más, estar ansioso por tener ganancia; ser amante de la plata; o estirarse y alcanzar algo. Cuando el Nuevo Testamento menciona la concupiscencia a menudo se refiere a un comportamiento codicioso.

ayuda. Decimos que lo amamos, pero no lo suficiente como para que Él nos llene y nos satisfaga.

Ocho consecuencias de la codicia
1. Se apodera del corazón

La codicia ofende de forma especial a Dios porque se apodera del corazón y expulsa todo deseo y emociones superiores. La codicia es como las aguas de un río que se ha desbordado y cuyo torrente arremolinado no tiene dirección ni autocontrol. No evitan un jardín bonito para no estropearlo, sino que son implacables e indiscriminadas en su ímpetu para inundar el suelo. Soñar con cosas materiales hace que el corazón rápidamente sea invadido por una necesidad imaginaria, avaricia y deseo. Pronto ya no se disfrutan las cosas de Dios y se apaga el espíritu de sacrificio y servicio.

En la parábola del sembrador, el Señor habla de aquellos que son ahogados con las preocupaciones, riquezas y placeres de esta vida, que están separados de la Palabra de Dios y que son incapaces de manifestar convicción y fruto espiritual. Es posible que el evangelio impacte tanto a la gente que esta sienta muy profundamente la vanidad de la vida sin Dios y la necesidad que tienen de misericordia y perdón y, sin embargo, los "espinos" de la codicia pueden ahogar estos sentimientos en unas cuantas horas.

La codicia también puede borrar todo interés espiritual en los creyentes de modo que corroboran las palabras del Señor: "No podéis servir a Dios y a las riquezas". Cualquier cristiano que piense que puede controlar el deseo por tener posesiones, fama, popularidad, admiración, éxito en el mundo, confort y un placer terrenal excesivo no ha aprendido la lección más básica de la naturaleza humana: las riquezas siempre toman el control. Solo tenemos que analizar brevemente nuestra experiencia para ver cuán cierto es esto. En cuanto dejamos que nuestras mentes e imaginación sueñen con objetivos materiales, instantáneamente los asuntos espirituales se vuelven menos interesantes y todo el entusiasmo y la energía emocional que son necesarios para llevar a cabo las actividades espirituales de nuestra vida que son verdaderamente importantes se evaporaron.

2. Debilita y nos hace vulgares

La codicia es como una forma agresiva de cáncer que sobrecoge rápidamente a su víctima o como un virus potencialmente letal que ataca a alguien que está bien de salud. O peor aún, la codicia no solo debilita, sino que también vulgariza, como muestra el décimo mandamiento. Note cómo se expresa el mandamiento: "No codiciarás la mujer de tu prójimo". Aquí tenemos un cargo doble, es decir, que la codicia no solo no dudará en quitarle algo a otra persona, sino que también destruye el séptimo mandamiento, si así lo desea. La persona codiciosa, bajo el poder de "desear" algo, puede que sea reducida a la flagrante insensibilidad y a la indiferencia moral de robarle la esposa a alguien. Una vez que comenzamos a codiciar, entonces incluso colegas de trabajo, conocidos, amigos y familiares se pueden convertir en el objeto de nuestros celos y resentimiento, hasta el punto en que, si tuviéramos la oportunidad, les quitaríamos cualquier cosa que quisiésemos.

La codicia hace que los ojos del creyente se desvíen del bienestar del prójimo y se enfoquen en las posesiones de ese prójimo y en sus ventajas. Una vez que nos hemos hecho burdos debido a que tenemos una actitud codiciosa, la capacidad de tener una verdadera amistad y un afecto desinteresado es gravemente dañada, porque todo el mundo representa un reto y un objeto para ser comparado. El creyente no se puede relacionar con otros sin dejar de fijarse en sus casas, posesiones, en lo que ganan y en sus oportunidades. "¿No somos tan buenos como ellos?", se pregunta el corazón. "¿Por qué ellos tendrían que estar en una mejor situación que yo?".

3. Es un acto de adoración

Dios odia la codicia debido a que menoscaba a las personas; incluso *a su* pueblo. La codicia convierte al creyente en una criatura doméstica; un pequeño y patético ser ante sus ojos. Hechos a imagen de Dios, nos reducimos nosotros mismos al nivel de vida más bajo dejando a un lado los propósitos espirituales más altos, siendo motivados principalmente por cosas terrenales y pasajeras, y preocupándonos por lo que es trivial. Tal como deberíamos esperar, el Señor odia la codicia porque es un acto de adoración; un término apropiado para el fuerte deseo de tener cosas materiales que implica un tipo de dependencia del alma, como si fuésemos a estar deprimidos sin ellos. Se dedican horas de planificación mental para conseguir objetivos y cosas materiales, y cuando finalmente se obtienen, son lo más preciado que tenemos, los exhibimos y los protegemos celosamente.

4. Es contagiosa

Otro aspecto de la codicia que se debe temer es su naturaleza contagiosa, y probablemente está al mismo nivel que los chismes, al ser este el más contagioso de los pecados que dañan a la iglesia. Una vez que el deleitarnos en tener cosas innecesariamente caras o complejas y el consentirlas ocupa un lugar considerable en la congregación de una iglesia, esto rápidamente mina el compromiso incondicional y una mayordomía razonable. Aquellos que son jóvenes en la fe observan cómo creyentes maduros dependen de comodidades y lujos terrenales, y sus conciencias pronto son contaminadas. Donde más claramente se ve el poder destructivo del ejemplo es en la codicia de muchos cristianos.

En el Nuevo Testamento la codicia es considerada sin lugar a dudas igual a la idolatría, pero en el evangelicismo moderno rara vez se considera pecaminosa. A veces el hombre con la casa y el coche más lujosos es el primerísimo en ser considerado como candidato para ser anciano de la iglesia. Supuestos cristianos de la vida pública o del mundo del espectáculo muestran ostentosamente sus estilos de vida mundanos y superadinerado sin perder la aprobación que obtienen de muchas revistas cristianas.

5. Es adictiva y progresiva

Otra razón para temer la codicia es que es inmensamente adictiva y progresiva. El diablo pone en la mente del creyente que una determinada cosa o posición le dará gran satisfacción y, por lo tanto, se dedica mucho tiempo y energía para conseguirla. El objetivo deseado se convierte en una fuerza motivadora y en uno de los temas principales de los pensamientos y sueños. En su debido momento el objetivo será conseguido, pero en seguida el corazón se acostumbra al mismo y de nuevo hay insatisfacción y vacío. La única escapatoria es fijar la mente en otro objetivo prometedor y atrayente que motive e inspire, y así se establece un ciclo adictivo que es constantemente recurrente. El creyente se encuentra ahora a merced de sus apetitos como un corcho flotando en el mar, impulsado por innumerables deseos insensatos y dañinos que nunca pueden quedar satisfechos durante mucho tiempo.

6. Es un pecado "invisible"

La codicia es, ante todo, la reina de los pecados *invisibles*, es decir, invisible para el que ofende. Cuando, en *Romanos 7:7*, Pablo argumenta que sin la ley no seríamos conscientes del alcance de nuestro pecado, elige la codicia como el ejemplo más destacado de que ocultemos algo de nosotros mismos. Dice: "Pero yo no conocí el pecado sino por la ley; porque tampoco conociera la codicia, si la ley no dijera: No codiciarás". Aquí tenemos pues el ejemplo principal de un pecado *invisible*; un pecado que tiene la capacidad de disfrazarse de tal forma que el infractor rara vez es consciente de su transgresión. Parte de la razón de que esto sea así es el hecho de que la codicia es el pecado que más se autojustifica, pues construimos con habilidad una justificación razonable para cualquier cosa que queramos: "Desde luego que es muy útil; además es muy *necesario*; es una ganga y puede usarse para testificar". En un abrir y cerrar de ojos algo lujoso se convierte en una necesidad. La codicia es un pecado enormemente sutil que anestesia y sofoca la conciencia con su mismísimo curso de acción.

7. Es una raíz de la apostasía

De *2 Timoteo 3:1-2* aprendemos que: "En los postreros días vendrán tiempos peligrosos. Porque habrá hombres amadores de sí mismos, avaros…". De entre trece características malvadas de una sociedad apóstata que Pablo enumera, la segunda es el pecado de la codicia. Con toda certeza ahora vivimos en tiempos doctrinalmente peligrosos donde muchos que afirman creer en la Biblia están echando a un lado los estándares de la fe y siendo transigentes con la mundanalidad y el error. ¿Cómo podemos explicar la patente debilidad de tantos líderes evangélicos que han traicionado la causa al permitir música y métodos mundanos en la vida de la iglesia? A la cabeza de la lista de Pablo están la autoconsideración y la codicia.

En el momento en que los líderes comienzan a preocuparse acerca de su seguridad, aceptación, avance, bienestar y posesiones, dejan de defender los estándares de la Palabra, enfatizando la diplomacia en vez de la fidelidad, prefiriendo paz en vez de pureza, y diversidad en lugar del camino estrecho de Dios. En el momento en que el siervo de Dios se permite tener deseos codiciosos de confort, seguridad, posición o posesiones, estas cosas rápidamente tendrán tal importancia que abandonará la defensa de sendas antiguas, y entonces una deslealtad llevará a la otra conforme adapta sus posturas para conseguir o mantener sus beneficios materiales. Esta es la trampa a la que Satanás ha llevado a muchos líderes desprevenidos a lo largo de la larga historia de iglesias evangélicas. Si somos infieles en las cosas materiales de la vida —las riquezas— con toda certeza seremos desleales con las verdaderas riquezas. En *1 Timoteo 3:3* Pablo manda que nunca se nombre como anciano de la iglesia a un hombre que sea codicioso (lo cual incluye a un predicador), y el mismo estándar se aplica después a los diáconos. Los líderes de iglesia deben estar contentos con su porción. Deben ser personas que están pendientes de las necesidades y dificultades de otros, y no de sí mismos y su ganancia material. Pablo saca a relucir la relación entre un deseo codicioso y el colapso doctrinal por parte de la congregación en *2 Timoteo 4:3-4*, donde dice: "Porque vendrá tiempo cuando no sufrirán la sana doctrina, sino que [...] se amontonarán maestros conforme a sus propias CONCUPISCENCIAS, y apartarán de la verdad el oído". La palabra que aquí se traduce por concupiscencia significa: anhelos o fuertes deseos. El versículo implica que las congregaciones llamarán al tipo de pastor que les permitirá hacer y tener lo que quieran; hombres que rara vez los exhorte, amoneste o desafíe acerca de sus estilos de vida cómodos y de excesos. Hoy en día vemos esto en muchas iglesias, donde a la gente se le permite vivir de una forma mundana, egoísta y dedicada al ocio, y al mismo tiempo se les halaga desde el púlpito haciéndoles pensar que siguen siendo discípulos leales de Cristo. Tales personas no pueden soportar una enseñanza *sana* que incluya todo el consejo de Dios y que examine el *corazón* y la *conducta* de los creyentes, por lo que eligen predicadores que nunca retarán su pecado. Esto se está volviendo una forma garantizada de construir una congregación razonablemente grande en muchas partes del mundo. ¡Prediquemos las doctrinas teóricas de la Biblia —incluso las gloriosas doctrinas de la gracia— para incrementar y alagar los intelectos de los oyentes, pero tengamos cuidado de *nunca* reprender la codicia en ninguna de sus manifestaciones!

8. Puede llevar a la "excomunión"

Muchas fuertes advertencias nos indican la gravedad de la codicia, como por ejemplo la de *1 Corintios 5:11* donde Pablo dice que esta puede resultar en la excomunión de las iglesias de Cristo. Pablo dice: "Más bien os escribí que no os juntéis con ninguno que, llamándose hermano, fuere fornicario, O AVARO, o idólatra, o maldiciente, o borracho, o ladrón; con el tal ni aun comáis". La palabra griega aquí se refiere a alguien que está ansioso por tener ganancias y que siempre quiere más. Puede ser que tenga un fuerte deseo de tener dinero o posesiones, o puede ser que tenga un deseo de tener una cierta posición, influencia o reconocimiento. Obviamente la Escritura tiene en mente un estado grave y persistente debido a la seria disciplina que prescribe.

En *1 Corintios 6:10* Pablo reafirma la idea con estas palabras: "Ni los ladrones, NI LOS AVAROS, ni los borrachos, ni los maldicientes, ni los estafadores, heredarán el reino de Dios". Se repite una advertencia similar en *Efesios 5:5* donde se nos dice directamente que un hombre codicioso es un idólatra, el cual no tiene lugar en el reino de Cristo. Quizás necesitamos una advertencia fuerte de modo que abandonemos nuestra codicia.

De las palabras de Pablo en *1 Timoteo 6:9-10* vemos que es necesario excomulgar al ofensor cuando es un caso grave: "Porque los que quieren enriquecerse caen en tentación y lazo, y en muchas codicias necias y dañosas, que hunden a los hombres en destrucción y perdición; porque raíz de todos los males es el amor al dinero, el cual codiciando algunos, se extraviaron de la fe, y fueron traspasados de muchos dolores".

Cómo evitar la codicia
1. Mantener las prioridades espirituales

¿Cómo se puede evitar la codicia? Se puede aprender una gran lección a partir del comportamiento de los hijos de Israel en el desierto, de quienes Pablo dice: "Mas estas cosas sucedieron como ejemplos para nosotros, para que no codiciemos cosas malas, como ellos codiciaron" (*1 Corintios 10:6*). Pablo se está refiriendo a un suceso narrado en *Números 11:4*, donde a los hijos de Israel les pareció desagradable el maná de Dios y hablaron con desdén del mismo. Sus corazones comenzaron a codiciar cosas aparentemente inocentes como el pescado, los pepinos, los melones, los puerros, las cebollas y el ajo. Dios no estaba enojado con ellos porque estas cosas fuesen malas, sino porque las deseaban tanto que incluso querían volver a Egipto. Y aún peor, querían esas cosas más de lo que querían el maná que Dios les había dado. En vez de ser agradecidos y decir: "Dios está claramente con nosotros, y nos está llevando a una tierra mejor", murmuraron con descontento y anhelaron beneficios materiales.

Cualquier cosa que se desee más que la bendición espiritual de Dios es, para el creyente, algo malo. Transitamos por el camino ancho hacia la codicia cuando dejamos de valorar lo que Dios nos ha dado. En el momento en el que damos por sentado nuestras bendiciones, empezamos a necesitar los "melones" y los "pepinos" de este mundo vano. Por lo tanto, la primera defensa contra el virus de la codicia es tener un espíritu verdaderamente agradecido, lleno de una gratitud genuina y alabanza a Dios. Necesitamos recordar a menudo su misericordia y bondad cantando con toda sinceridad los himnos de alabanza y reconociendo que no somos dignos ni siquiera de la más pequeña de sus misericordias. Necesitamos maravillarnos y regocijarnos ante los grandes privilegios de la vida cristiana, y esforzarnos especialmente en recordar estas cosas en momentos de pruebas, decepciones o depresión.

2. Andar en el Espíritu

En *Gálatas 5:16* se nos da otro antídoto para la codicia: "Digo, pues: Andad en el Espíritu, y no satisfagáis los deseos de la carne". Si anda en el Espíritu, el cristiano recibe toda la ayuda que es necesaria para evitar que los deseos del corazón vayan tras cosas mundanas y egoístas. El creyente ora pidiendo ayuda constantemente y coopera con la obra del Espíritu Santo en la conciencia. Cada vez que el creyente comienza a desear fuertemente alguna ganancia o avance mundanos, el Espíritu inicia un remordimiento de conciencia, ante el cual el creyente responde inmediatamente. Si el creyente se retracta de esa compra extravagante o del objetivo ambicioso, entonces se ha obtenido una victoria, pero si se hace caso omiso del misericordioso ministerio del Espíritu, entonces surgirá el pecado de la codicia.

El andar en el Espíritu incluye anteponer el servicio espiritual en la vida. Si un creyente no sirve de ninguna forma al Señor, ni se sacrifica, ni tampoco tiene compromiso, entonces será muy fácil que la energía emocional del creyente se use en necesidades y aspiraciones personales. Tal cristiano será una presa fácil de los deseos codiciosos. A aquellos que están completamente dedicados al hogar o a su carrera profesional les es muy difícil luchar contra los deseos de la carne porque realmente no están andando en el Espíritu, sino que están más interesados en sus propios asuntos que en los de la obra y reino del Espíritu, por lo que siempre estarán a merced de sus corazones caídos.

3. Mortificar los deseos codiciosos

La mayor arma en contra de la codicia, que se menciona en muchísimos textos, es la de resistirla activamente. La mortificación, o el hacer morir la codicia, no puede ser omitida. En el momento en el que dejamos de luchar en contra de las muchas tentaciones sutiles a codiciar eso o aquello, nos apartamos del camino correcto. En *Gálatas 5:24* Pablo define a los cristianos como aquellos que han "crucificado la carne con los afectos y concupiscencias" (RV1909). Una vez más, la palabra *concupiscencia* se refiere a anhelos, deseos, y apego tanto por cosas terrenales como por pensamientos inmorales.

Efesios 4:22 nos dice que nos despojemos "del viejo hombre, que está viciado conforme a los deseos engañosos". A la vieja naturaleza dentro de nosotros le encantaría dominarnos otra vez y obligarnos a estar bajo el dominio de nuestros apetitos terrenales, pero debemos resistir estos impulsos, y nunca, ni siquiera una vez, darles cabida. La vieja naturaleza es muy astuta y cuando es ayudada e instigada por las sugerencias del diablo mantendrá una campaña incesante para reavivar nuestro amor por las cosas de este mundo vano. Habrá épocas de tranquilidad, cuando disfrutaremos de gran contentamiento con nuestra porción en la vida y preferiremos nuestras bendiciones y privilegios espirituales, y entonces, quizás de repente, se lanzará contra nosotros un ataque de tentaciones a que tengamos envidia, autocompasión y a desear más cosas. Debemos estar conscientes de nuestra vulnerabilidad, y estar siempre preparados para negarnos adquisiciones innecesarias, cosas superfluas o una calidad extra y precio injustificable en las cosas.

A menudo se piensa que cuando Pablo le dice a Timoteo "Huye también *[de]* las pasiones juveniles" (*2 Timoteo 2:22*) se está refiriendo a impulsos sexuales. Pero la palabra griega *epidsumía* significa deseos y anhelos que cubren cualquier o todos los apetitos humanos, y que igualmente se puede aplicar a la codicia. Las pasiones que Pablo tiene en mente son especialmente fuertes en los jóvenes, y bien pueden incluir deseos sexuales pecaminosos, pero la expresión "pasiones juveniles" igualmente incluye ambición y posesiones. La ambición se vuelve codiciosa cuando anhelamos algo para *nosotros*, gratificación personal y obtener ganancia.

En realidad Pablo dice: "Cuando comenzamos a soñar despiertos, y estamos en el centro de todas las cosas y haya gente admirándote a ti y a tus habilidades, entonces huye de esos pensamientos. Piensa en otra cosa. Corre, como si huyeras de una catástrofe inminente".

4. Controlar nuestros pensamientos

Si queremos resistir la codicia necesitamos *hacer* algo para controlar lo que pensamos. No se supone que los sueños y pensamientos vayan y vengan sin control ninguno. El mandato de la Escritura es: "No reine, pues, el pecado en vuestro cuerpo mortal, de modo que lo obedezcáis en sus concupiscencias *[lit: anhelos y deseos]*" (*Romanos 6:12*). Por lo tanto, cuando nos vengan pensamientos de autopromoción, no debemos abandonar nuestras defensas y permitir que sean fomentados y reinen en nuestras mentes. El mandato de Dios para nosotros es: ¡Pare de maquinar! ¡Pare de soñar! Enfoque la imaginación en cosas mejores. Reconozca las artimañas de Satanás en estos pensamientos. Si fuera necesario, y especialmente si las tentaciones a ser alguien, o a comprar o a poseer algo están viniendo copiosamente, tenga a la mano alguna actividad o libro que siempre le absorba, de forma que pueda ganar la batalla y expulsar más fácilmente cualquier impulso indeseado.

El método bíblico de lidiar con la codicia es establecer una lucha tremenda en contra de la misma. Debemos rehusarnos por completo a ceder ante los deseos de tener cosas que no necesitamos realmente, o que cuestan muchísimo más o son de mayor calidad de lo que es razonablemente apropiado. Desde luego que debemos orar siempre pidiendo ayuda, y la recibiremos. Y siempre debemos evitar todo aquello que promueva pensamientos codiciosos en nosotros, como las cosas opulentas de algunos "cristianos" codiciosos y mundanos o los catálogos llenos de productos deseables.

Pablo, al hablar de los Mandamientos (incluyendo el de "No codiciarás"), dice en *Romanos 13:14*: "Sino vestíos del Señor Jesucristo, y no proveáis *[lit: pensar de antemano]* para los deseos de la carne". Podemos parafrasear el versículo así: "No piense de antemano o haga planes acerca de asuntos que solo complacen sus deseos y anhelos carnales, y que harán que se cumplan esas concupiscencias o deseos". El tiempo que dedicamos a soñar despiertos es en donde verdaderamente nacen y se acunan los pecados codiciosos.

Las recompensas de ser moderado

Por el lado positivo, el resistir a la codicia conlleva grandes recompensas para los creyentes, incluso durante esta vida terrenal. De hecho, todas las promesas de Dios para nuestra felicidad espiritual presente dependen de que estemos alejados de la codicia, como aprendemos a partir de *2 Pedro 1:4*: "Por medio de las cuales nos ha dado preciosas y grandísimas promesas, para que por ellas llegaseis a ser participantes de la naturaleza divina, habiendo huido de la corrupción que hay en el mundo a causa de la concupiscencia".

¿Estamos libres de esa corrupción? ¿Agradamos a Dios? ¿Podemos recibir el fruto de sus grandes y valiosísimas promesas de que se nos dé a conocer, de que abra los ojos de nuestro entendimiento, de que nos conceda un gran sentimiento de pertenencia a Él, y nos dé el privilegio de crecer en gracia e instrumentalidad en la labor de traer a su pueblo elegido?

No nos fijemos en esos creyentes que pactan con este mundo, complaciendo sus deseos y adquiriendo cualquier cosa que quieran. Los creyentes ambiciosos y egoístas, ya sea en profesiones seculares o en el ministerio, deben ser vistos como algo trágico, no como modelos de creyentes. Recuerde las palabras de Cristo: Ya "tienen su recompensa" (*Mateo 6:2, 5, 16*). Cuán grandes bendiciones recibiremos, si tan solo establecemos una gran lucha contra la codicia carnal, orando y pidiendo que el Espíritu nos ayude.

EPÍLOGO

El "secreto" para ser bendecidos

"Mas ahora que habéis sido libertados
del pecado y hechos siervos de Dios, tenéis por
vuestro fruto la santificación…".
(Romanos 6:22)

EL PENSAMIENTO HUMANO tiene la tendencia común a buscar un punto o principio clave que resuelva todo y pruebe ser el "secreto" del éxito. Esta tendencia también existe en círculos cristianos, y algunos predicadores y autores, tanto del pasado como del presente, han afirmado que han encontrado la gran cuestión central que lleva a tener fruto espiritual y un gozo continuo. Se han sugerido varios "secretos" diciendo que estos son el principio motriz clave de la vida cristiana, por ejemplo, el concepto de la santificación por fe del movimiento llamado "*higher life*" (vida superior), los llamados dones del Espíritu, y más recientemente el "deleitarse en Dios". Sin embargo, no es sabio hacer de una cosa, aunque esta fuera una práctica buena, el único o principal camino para ser bendecido. Cristo es la clave de todo para los creyentes, conocerle, tenerle, amarle, servirle y anhelar estar con Él, y Cristo nos ha dado una multiplicidad de "objetivos" en el gran resumen de la ley: "Amarás al Señor tu Dios con todo tu corazón, y con toda tu alma, y con todas tus fuerzas, y con toda tu mente; y a tu prójimo como a ti mismo".

Si, después de la conversión a Cristo solo por gracia, permitimos que los estándares de la ley moral examinen nuestro corazón, inspiren nuestra alma, dirijan nuestras fuerzas y gobiernen nuestra mente, entonces verdaderamente estaremos en el camino directo a la santificación, siempre dependiendo de la ayuda del Espíritu Santo. La ley moral continúa siendo nuestro estándar, guía y protección. Incluso los deberes espirituales distintivos como la fe, el amor y la sinceridad están en la ley moral, especialmente en los dos primeros mandamientos que tratan acerca de amar a Dios y confiar solo en Él, y el tercero enfatiza la sinceridad.

Los que son salvos encuentran aquí prácticamente toda disposición correcta y espiritual del corazón. Es cierto que también hay deberes con respecto al evangelio, como el de testificar de Cristo, que distintivamente se encuentran en el Nuevo Testamento, pero cuando se entienden correctamente, los Mandamientos nos brindan un estudio vital y grandioso sobre la santidad.

¡Cuánto necesitamos la santidad! No puede haber ninguna expresión real de amor por Cristo sin ella, pues Él dice: "Si me amáis, guardad mis mandamientos" (*Juan 14:15*). Sin santidad tampoco puede haber una gran certeza porque Juan dice: "No amemos de palabra ni de lengua, sino de hecho y en verdad. Y en esto conocemos que somos de la verdad, y aseguraremos nuestros corazones delante de él" (*1 Juan 3:18-19*). La instrumentalidad en el evangelismo personal y el crecimiento de la iglesia también dependen de un vivir santo, pues Pablo dice: "Apártese de iniquidad todo aquel que invoca el nombre de Cristo" con el fin de ser "santificado, útil al Señor" (*2 Timoteo 2:19-21*). La oración verdaderamente efectiva igualmente requiere que seamos santos, pues en *Santiago 5:16* leemos que "La oración eficaz del justo puede mucho". Ser fortalecidos en tiempos de prueba también viene de la santidad, como aprendemos de Pedro, quien, al hablar de cómo manejar problemas, da este "método" como una exhortación suprema: "Sed también vosotros santos en toda vuestra manera de vivir (véase *1 Pedro 1:6-15*).

¿Quién entonces se atreve a señalar un deber espiritual diciendo que ese es el medio para tener éxito en cualquier otro deber? El Señor nos da familias de pecado completas para que las evitemos, y también cualidades que acoger en el profundo código divino de los Diez Mandamientos "a fin de que el hombre de Dios sea perfecto, enteramente preparado para toda buena obra". Nuestro motivo principal para luchar por alcanzar la santidad deber ser la idea que Isaac Watts expresa:

Amor tan sorprendente, tan divino,
Exige mi vida, mi alma, todo de mí.

"La ley de Jehová es perfecta, que convierte el alma;
el testimonio de Jehová es fiel, que hace sabio al sencillo.
Los mandamientos de Jehová son rectos, que alegran el corazón;
el precepto de Jehová es puro, que alumbra los ojos.
El temor de Jehová es limpio, que permanece para siempre;
Los juicios de Jehová son verdad, todos justos.
Deseables son más que el oro, y más que mucho oro afinado;
y dulces más que miel, y que la que destila del panal.
Tu siervo es además amonestado con ellos;
en guardarlos hay grande galardón"
(*Salmo 19:7-11*).

APÉNDICE

Versículos que confirman la autoridad permanente de los Mandamientos

Jeremías 31:31-33 y *Hebreos 10:15-16*: A través de Jeremías, Dios declara que cuando la era del Nuevo Testamento llegue, los miembros de la iglesia tendrán "mi ley" (es decir, su ley inmutable) escrita en sus corazones de una forma especial.

Romanos 3:20: Los mandamientos de Dios definen el pecado. Si cambian o algunos ya no son relevantes, entonces el pecado también cambia.

Romanos 7:12 y 14: Pablo afirma que la ley moral es santa, justa y buena; y también es espiritual, que significa que es la obra del Espíritu Santo y refleja el carácter inmutable de Dios.

Romanos 13:8-10: Pablo muestra a aquellos que son salvos que deberían esforzarse por cumplir los antiguos Mandamientos.

Santiago 2:8,11 y 12: Jacobo exige obediencia a la ley moral, pero muestra que para los que son salvos no es una ley de condenación (pues han recibido el indulto real), sino una ley de libertad. Como personas libres, voluntariamente obedecen los Mandamientos del Rey.

1 Juan 3:4: Lay ley continúa como el único estándar permanente de justicia.

1 Juan 5:2-3: El mayor signo de una conversión verdadera es que amamos a Dios y obedecemos los Diez Mandamientos. Además, no sentimos que nos agravien ni nos molestan, sino que los valoramos como los estándares y el consejo de Dios.

OTROS TÍTULOS EN ESPAÑOL DEL DR. PETER MASTERS

Adoración en crisis
138 páginas, tapa blanda, ISBN 978 1 870855 75 4

"La adoración está realmente en crisis", dice el autor. "Un nuevo estilo de alabanza se ha filtrado en la vida evangélica, sacudiendo hasta las mismas bases, conceptos y actitudes tradicionales". ¿Cómo deberíamos reaccionar? ¿Se trata solo de una cuestión de gustos y época? ¿Se verán ayudadas las iglesias, o más bien serán cambiadas hasta el punto que sea imposible reconocerlas?

Este libro presenta cuatro principios esenciales que Jesucristo estableció para la adoración, los cuales debemos usar para juzgar toda nueva idea. También proporciona un panorama fascinante de cómo se adoraba en los tiempos bíblicos, incluyendo sus reglas en cuanto al uso de instrumentos, y se responde a la pregunta: ¿Qué es lo que enseña la Biblia sobre el contenido y el orden de un culto de adoración hoy en día?

Médicos de almas
El ministerio del evangelio
259 páginas, tapa blanda, ISBN 978 1 908919 72 4

El autor afirma que, a pesar de que en teoría se valora la libre oferta del evangelio, la predicación evangelística habitual se ha convertido en algo inusual. Estas páginas abordan los obstáculos teológicos y prácticos de la predicación evangelística, y da un poderoso estímulo a los médicos de almas para que prediquen el evangelio.

También se presenta un orden o anatomía de la conversión vital, junto con guía para aconsejar y ayudar a aquellos que buscan a Dios. Estos y otros temas claves constituyen una guía completa para ganar almas.

El fenómeno carismático
Peter Masters y John C. Whitcomb
106 páginas, tapa blanda, ISBN 978 1 908919 31 1

Los dones de hablar en lenguas, las sanaciones, el recibir visiones, realizar milagros, la expulsión de demonios y el profetizar han vuelto a gran escala en los últimos cuarenta años.

Las poderosas señales milagrosas de la época del Nuevo Testamento se están volviendo a experimentar; ¿o tal vez no? ¿Cuál era el propósito de estos dones en los tiempos del Nuevo Testamento? Este libro provee claras respuestas bíblicas a todas estas preguntas.

OTROS TÍTULOS EN ESPAÑOL DEL DR. PETER MASTERS

Solo un bautismo del Espíritu Santo
Y la obra del Espíritu en las tribulaciones, santificación y servicio del creyente.
86 páginas, tapa blanda, ISBN 978 1 908919 75 5

En este libro el Dr. Masters guía a los lectores a través de diversos versículos bíblicos para establecer cada punto y responder cada pregunta planteada.

¿Cuándo es el creyente bautizado con el Espíritu y a qué equivale eso? ¿Existe un segundo bautismo? ¿Cómo exactamente el Espíritu da testimonio a nuestro espíritu? ¿Cómo llega la certeza o seguridad de salvación? ¿Tiene el creyente que luchar contra el pecado o el Señor es quien lucha la batalla por él? ¿Debemos ser vaciados y quebrantados para recibir la bendición del Espíritu? ¿Qué es la llenura del Espíritu? Se responde a todas estas preguntas de forma clara y bíblica.

Membresía de la iglesia en la Biblia
65 páginas, tapa blanda, ISBN 978 1 908919 25 0

Cristo ha diseñado un "hogar" o familia para su pueblo, descrito en estas páginas como un logro de genialidad divina. Este es un tema magnífico, vital para el crecimiento y la bendición espiritual y para nuestro servicio al Salvador.

Este libro responde muchas preguntas respecto a las iglesias y a la membresía de las iglesias en los tiempos del Nuevo Testamento.

No como cualquier otro libro
177 páginas, tapa blanda, ISBN 978 1 870855 87 7

Cada uno de los grandes errores y de los "ismos" que arremeten contra las iglesias hoy en día tiene su raíz en una interpretación bíblica defectuosa. Innumerables cristianos están pidiendo que se explique claramente la manera antigua, tradicional y probada de manejar la Biblia.

Un enfoque nuevo de interpretación también se ha apoderado de muchos seminarios evangélicos y colegios bíblicos. Este enfoque nuevo está basado en ideas de críticos incrédulos, despoja a la Biblia del mensaje de Dios y empobrece la predicación de los pastores. Este libro pone de manifiesto lo que está pasando y proporciona muchos ejemplos breves de interpretación

OTROS TÍTULOS EN ESPAÑOL DEL DR. PETER MASTERS

correcta e incorrecta. El autor muestra que la Biblia incluye sus propias reglas de interpretación y todo creyente debería saber lo que estas reglas dicen.

¿Tenemos una política?
69 páginas, tapa blanda, ISBN 978 1 870855 77 8

¿Cuáles son nuestras metas para la instrucción de nuestra congregación y para el crecimiento de la iglesia? El apóstol Pablo tenía una política bien definida, y la llamó su "propósito", usando una palabra griega que significa: un plan (o estrategia) expuesto para que todos lo puedan ver. Este libro expone diez puntos de una política, espigados de la enseñanza de Pablo, todos los cuales son esenciales para el crecimiento y la salud de una congregación hoy en día.

La epidemia de sanaciones
157 páginas, tapa blanda, ISBN 978 1 908919 56 4

El Dr. Masters aquí responde los argumentos que utilizan los sanadores para apoyar sus métodos. Explica la enseñanza bíblica sobre lo que los demonios pueden hacer y lo que no, y cómo se debe poner en práctica hoy en día Santiago 5 en las iglesias. También prueba que la mente consciente siempre debería estar en funcionamiento en las actividades espirituales.

Fe, dudas, pruebas y certeza
157 páginas, tapa blanda, ISBN 978 1 908919 21 2

Una fe diaria es esencial para obtener respuesta a nuestras oraciones y para tener también un servicio efectivo, estabilidad espiritual y comunión real con Dios. Este libro responde a muchas preguntas sobre la fe, tales como:

¿Cómo podemos evaluar el estado de nuestra fe? ¿Cómo puede fortalecerse la fe? ¿Cuáles son las dudas más peligrosas? ¿Cómo nos deberíamos ocupar de las dudas difíciles? ¿Cuál es la actitud bíblica ante las pruebas? ¿Cómo podemos saber si las pruebas son para castigar y regañar, o para refinar? ¿Qué se puede hacer para obtener certeza de salvación? ¿Puede un creyente cometer el pecado imperdonable? ¿Cómo se siente exactamente la presencia del Señor?

El Dr. Masters provee respuestas, junto con mucho consejo pastoral, basándose en las Escrituras de principio a fin.

OTROS TÍTULOS EN ESPAÑOL DEL DR. PETER MASTERS

Mayordomía cristiana

24 páginas, folleto, ISBN: 978 1 899046 44 7

La mayordomía de los bienes es un gran privilegio y bendición para aquellos que deben tanto a Cristo, el Señor. Nuestro llamamiento es ser obreros junto con Cristo.

Este folleto presenta los pasajes del Nuevo Testamento que muestran los objetivos, motivos, proporciones y manera de la ofrenda para el reino de Cristo y las almas de hombres y mujeres.

Siete signos inequívocos
de una conversión verdadera

23 páginas, folleto, ISBN: 978 1 899046 33 1

Este folleto es una guía de las marcas de una conversión verdadera para aquellos que dudan de su salvación, y para el uso de consejeros en cuestiones espirituales.

Actualmente hay una tendencia generalizada de invitar a la gente a tomar una decisión superficial por Cristo y de asumir que son convertidos sin tomar en cuenta si existe o no evidencia de la obra del Espíritu. Para evitar conversiones ilusorias y superficiales, la verdadera naturaleza de la conversión, junto con sus signos, debe ser reconocida y comprendida.

El bautismo
Lo que representa y su propósito

28 páginas, folleto, ISBN: 978 1 899046 49 2

¿Por qué el Señor tendría que insistir en el bautismo de todos aquellos que han sido convertidos? ¿Cuál es el significado del bautismo? ¿Qué lo hace tan importante, especialmente a la luz del hecho de que no contribuye espiritualmente en nada a la conversión? Este folleto tiene la intención de responder estas preguntas mostrando cómo el bautismo beneficia a la persona bautizada, a la iglesia y al mundo, y describiendo su cuádruple mensaje ilustrativo diseñado por Dios.

Este folleto procede a mostrar que el bautismo bíblico solo es para creyentes, y por inmersión, y además responde preguntas que surgen a menudo con respecto al bautismo de infantes.

OTROS TÍTULOS EN ESPAÑOL DEL DR. PETER MASTERS

Acuérdate del día de reposo
36 páginas, folleto, ISBN: 978 1 899046 42 3

¿Por qué instituyó el Señor el día de reposo? Y en la actualidad, ¿continúa el día de reposo como el día del Señor? Si es así, ¿de qué manera ha cambiado con la venida de Cristo? ¿Cómo deberíamos guardarlo?

Este folleto responde a estas y a otras preguntas mostrando que el principio que el día de reposo conlleva todavía forma parte de la voluntad de Dios para los creyentes hoy en día y exponiendo sus propósitos y bendiciones.

Su servicio razonable en la obra del Señor
26 páginas, folleto, ISBN: 978 1 899046 68 3

"Este folleto trata acerca de una gran área en la cual frecuentemente estamos muy por debajo del estándar de la Biblia. Es un hecho lamentable que haya muchos cristianos bíblicos que no participen en ninguna labor significativa para el Señor. Asisten a los servicios fielmente y puede que den una ayuda financiera considerablemente generosa, pero hacen muy poco".

Con estas palabras el autor introduce este estudio de las grandes exhortaciones que se encuentran en las epístolas a que tengamos servicio cristiano. Se enfoca en las cuatro palabras que más se utilizan para describir el servicio cristiano, y explica su significado completo. Aquí encontramos un llamado desafiante y persuasivo a todos aquellos que aman al Señor.

Cómo buscar y encontrar a Dios
16 páginas, folleto, ISBN: 978 1 899046 25 6

Este folleto es para personas que quieren encontrar a Dios. El autor muestra que encontrar a Dios no es un asunto vago, ya que existe una manera definida para la salvación provista por Dios y revelada en la Biblia. Responder a este mensaje (y a este mensaje solamente) lleva a la conversión, que es un cambio dentro de nosotros que nos trae a conocer al Dios viviente y a relacionarnos con Él.

La respuesta que debemos tener es creer. ¿Pero, qué es exactamente creer? Partiendo de la enseñanza del rey Salomón en el libro de Proverbios, este folleto muestra qué tipo de fe nos llevará a encontrar a Dios.

Para escuchar sermones del Dr. Peter Masters
y ver otros títulos disponibles en español,
incluyendo información del Seminario Bautista
Reformado de Londres que la iglesia imparte en línea,
puede visitar la página de Internet del Tabernáculo
Metropolitano de Londres:
www.MetropolitanTabernacle.org/espanol

www.ingramcontent.com/pod-product-compliance
Lightning Source LLC
Chambersburg PA
CBHW071507040426
42444CB00008B/1537